女たちが語る阪神・淡路大震災

いいたいことがいっぱいあった

1995-2024

認定NPO法人　女性と子ども支援センター

ウィメンズネット・こうべ

PENCOM

女たちが語る阪神・淡路大震災　1995―2024

「尊厳ある暮らしを営む権利」を求め続けて

「避難所で、被災者が男女の別なく雑魚寝で数カ月も暮らすのは、世界のスタンダードですか?」

東日本大震災のあった2011年、東京の参議院会館で、国連人権委員会のメンバーと被災地の支援に携わるNPOとの話し合いがあった。

こども、女性、障碍者、外国人、LGBTQ等、支援の対象はさまざまだが各団体は被災地でのさまざまな人権侵害について語り、行政に抗議し、改善を求めたが納得のいく回答や対応が行われなかったことを伝えた。

私は女性支援団体として「避難所で、被災者が男女の別なく雑魚寝《ざこね》という状況で数カ月も暮らすのは、世界のスタンダードですか?」と聞いた。国連人権委員長（女性）は「それはお国の文化だから、国連はそれについては何も申し上げません」との回答だった。

あまりに多くの訴えに驚かれたのか、委員長が「日本には政府から独立した、国内人権機関がないのですか?」と言われた。「それがあればこのような事態は防げたかもしれない」とも。

避難所の状況は阪神・淡路大震災のときも、東日本大震災の時もほぼ同じだった。ほぼ同時期、1995年1月に発生したマース川の「20世紀最悪の洪水」で被災したオランダのようすがテレビ放映されていた。その際に、大量の簡易2段ベッドが準備され、上下とも白いカーテンがあり「最低限のプライバシーが守られています」と放送されていた。

それから30年。2024年1月1日に発生した能登半島地震において、テレビに映し出された避難所のようすは、阪神淡路の時とほぼ同じだった。

多くの女性団体が、国へ防災や復興に女性の参画を求め、災害時には、内閣府も自治体へ繰返し女性への配慮などを求める通達を出しても、それを知っていた自治体は4分の1で、それを現場に伝え実行した自治体は4・5％に過ぎなかったとの報告がある。（男女共同参画の視点による震災対応状況調査報告、2012年8月）そこを女性たちは検証すべきだろう。

スフィア基準――

被災者には「尊厳ある生活を営む権利」と「援助を受ける権利」がある

スフィア基準（スフィアスタンダード）とは、国際NGOや国際赤十字によって定められた、災害や紛争後の救援活動において満たされるべき最低基準のことである。

1997年に初版が作られその後、改訂を続けているものだが、人道支援に最低基準がつくられ、中でもジェンダー・多様性配慮が重視されている最大の理由は、災害時に最も支援を必要とする人々、最も弱い立場にある人々に支援が届きにくいからだ。

日本の避難所の状況は、安全はあるが、被災者が「尊厳ある暮らしが営まれる」状態とは言えない。どうすれば変えられるのか?

女性の住まいの問題にも取り組んできたが、最近になって、「尊厳のある暮らしを営む権利——ハウジングライツ」を知った。私たちは「周囲に迷惑をかけない」、「和を乱さない」ことを教えられたが「尊厳ある暮らしを営む権利」については学んでこなかったように思う。

国内人権機関をつくろう!

2024年現在、国内人権機関は既に120カ国で設置されているが、日本には未だにない。毎年のように国連から設置するようにと勧告されている。女性の人権だけでなく、あらゆる分野における人権侵害をなくしていくために、必要なのは国内人権機関を早急に設置することだ。

今、日本も国をあげてSDGsに取り組んでいるが、ジェンダー平等に関しても、国連は政治における女性議員の少ない国に、クオータ制(割り当て制)の導入を勧告している。もし国内人権機関が設置されたら、SDGsの目標の半分は達成できると言われている。

私たちは、災害時に女性への暴力も含めて、どれだけ多くの人権侵害が起きるかは、支援活動を通して知っている。

やはりジェンダー平等もふくめ、人権に取り組むさまざまな団体が繋《つな》がり社会を変えていくしかない。

★「国内人権機関」とは、政府から独立し人権侵害からの救済を行う人権機関のこと。政府からの独立性が絶対要件。SDGS目標16に「国内人権機関の存在の有無」がある。多くの国で人権教育に力を入れている（フェリス女学院大学名誉教授／馬橋憲男「国家人権機関とは」朝日新聞 SDGs ACTION!、2023・11・28より）

『女たちが語る阪神・淡路大震災　1995〜2024』刊行にあたって

1992年、女性の人権を守り男女平等社会の実現をめざして市民グループ、「ウィメンズネット・こうべ」を立ち上げ、1994年には女性たちが仲間に出会い元気になれる場として「女たちの家」を開設した。

半年を過ぎた頃から、夫からの暴力（DV＝ドメスティック・バイオレンス）に悩む女性たちからの相談が次々に入るようになり、駆け込み寺のような活動も始まりつつあった。

しかし、阪神・淡路大震災で「女たちの家」は周辺の土地が崩れて閉鎖した。

震災直後に「女性支援ネットワーク」を結成し、物資の配布、「女性のための電話相談」や「女性支援セミナー」などの支援活動を行った。

電話相談の6割はパートナーとの悩み。

地震で家や仕事を失い、その上に夫による暴力に苦しむ女性の多くが「皆さんが被災して大変な時に、こんな家庭内のつまらないもめ事を相談する私はわがままでしょうか?」と言われた。

当時、神戸の街は本当に暗く、避難所や仮設住宅、街の中で性暴力が起きた。避難所で性被害が起き、県の職員が現場に行くと、避難所の責任者から「加害者も被災者や。大目に見てやれ」と言われて驚いたという話も聞いた。

教室で複数の被災家族が一緒に生活するようすを、マスコミは「昔からの大家族のように助け合って暮らしている」と伝えたが、更衣室もなく「安心して服の着替えもでけへん。めちゃ、腹立つねん!」と泣きながら話す女性や「自宅の整理に帰ってる間に、娘が同室の人から性被害にあった」という母親もいた。

7月には神戸市内で近畿弁護士会主催によるシンポジウム「被災地における人権」が開催された。配布された資料に「高齢者、障碍者、子ども、外国人」の項目はあったが、女性の人権はなく、たった一行「女性が性被害にあったという噂《うわさ》があったが、兵庫県警は1件もない。デマであると否定した」と書かれてあった。

「女性はケアをしても、される対象ではなかった」と改めて感じさせられた。

◇　◇

このような状況の中で、マスコミが流す「家族愛」「秩序」「奉仕の精神」に違和感を覚えた女性は数多くいた。

そこで、被災地の女性たちの生の声を伝え、記録したいとの思いから、私たちのグループの会報で手記の寄稿を呼びかけ『女たちが語る阪神淡路大震災～言いたいことがいっぱいあった』を1996年1月17日に出版した。その時の思いを次のように綴った。

地震から早一年。街は復興しつつある。しかし、人々の心の傷はまだまだ癒されていない。たった数十秒で、多くの大切な命が失われたのだから。それでも、日々、地震の記憶は風化されていく。私たち、被災地に住む女性たちにできることとして、せめて私たち女性の目に見えたことを記録しておきたいと思った。

被災地の一握りの女性たちの声ではあるが、被災地の女性たちの思いが何分の一かでも伝われば、そしてそれが、これからの女性たちの暮らしを変える力になれば幸いである。

同書はその後、英語版にも翻訳され、災害とジェンダーに関する国内外の研究者から高く評価されている。震災直後の女性たちの生の声をまとめた本はそれまでなかったとのことである。

あの震災は、女たちの生き方にどんな影響があったのか――

神戸の街は復興し、大きく変わったが、被災した皆さんは、今どう過ごしておられるのか――

このたび、震災から30年を迎えるにあたり、手記を寄稿してくださったみなさまに「震災から30年後の私」について書いてくださいとお願いして、連絡のとれた方々から原稿を頂くことができた。

本書は、30年前の手記を再掲の上、新たな手記を併記することで、女たちの人生の記録を残しておこうとするものである。

また、手記に加え、減災と男女共同参画研修推進センター共同代表で静岡大学グローバル共創科学部教授の池田恵子氏と、特定非営利活動法人ＮＰＯ政策研究所専務理事　相川康子氏から、特別寄稿をいただいた。

ぜひ、多くの方にお読みいただきたいと思う。

認定ＮＰＯ法人女性と子ども支援センター
ウィメンズネット・こうべ　正井禮子

※本書は、1996年刊の『女たちが語る阪神大震災』(木馬書館)からの原文(1995年と表記)と、今回新たに寄稿の手記を追加して掲載しています(2024年と表記)。1995年の手記では、データや用語など、当時の表現のままで掲載しています。あらかじめご了承ください。

『女たちが語る阪神・淡路大震災1995―2024』目次

目次

阪神・淡路大震災以降、防災対策はどう変わったのか　29

男女共同参画の視点による防災対策の変遷～阪神・淡路以降、どこまで進んだのか～　30

特定非営利活動法人NPO政策研究所専務理事　相川康子

はじめに　30

「災害と女性」にかんする政策動向　32

今後の課題～「配慮される存在」から「主体」に　37

第1章　マグニチュード7・2の不平等――避難所・仮設住宅　41

1995年◉はじめに／ウィメンズネット・こうべ　柳川理恵　42

1995年◉神戸／西海ゆう子（川西市・40代、小学校教諭）　44

1995年◉35時間生き埋めに／Y・M（西宮市・80代）

（インタビュー／中辻百合子、老人ホーム施設長）　50

1995年◉怖いものは怖い／矢野あつこ（明石市・40代）　52

▼2024年◎他者の選択・権利を尊重するということ／矢野あつこ（明石市・70代）　54

1995年◉おにぎりキュー／Q・R（神戸市・40代）　56

1995年◉避難所の1カ月／M・K（神戸市・80代）（インタビュー中辻百合子／老人ホーム施設長）　58

１９９５年◉震災から１カ月　柴田多恵（神戸市・４０代） 60
学校が避難所になったこと 60／道路に落ちたガレキ 61／自粛、自粛というけれど…… 62
１９９５年◉仮設に暮らして／宮里 文（神戸市・３０代） 63
▼２０２４年◎生きる意味を見出す30年／宮里 文（神戸市・６０代　看護師、アロマセラピスト） 66
１９９５年◉仮設住居の狭間で／橋本幸子（神戸市・７０代） 68
１９９５年◉神戸トイレ調査に参加して／川本ミハル（尼崎市・４０代、公衆トイレ探検隊） 70
▼２０２４年◎「トイレ探検隊」から出発して／川本ミハル
（尼崎市・７０代、子育て広場あみんぐステーション代表） 72
１９９５年◉豆たん風呂顛末記《てんまつき》／小林まゆみ（神戸市・５０代） 74
▼２０２４年◎プチ老老介護／小林まゆみ
（芦屋市・８０代、心といのちをはぐくむ会［共同購入の会］） 78
１９９５年◉古巣／稲村恵子（神戸市・４０代） 79
▼２０２４年◎神戸港の衰退／稲村恵子（神戸市・７０代） 80
１９９５年◉避難所の弁当は腐らない／公庄れい（神戸市・６０代） 82
１９９５年◉やもりのみっちゃん／柳川理恵（姫路市・４０代） 83
▼２０２４年◎あれから30年／柳川理恵（堺市・７０代） 84

第2章　震災下の妊婦・こどもたち

第2章　震災下の妊婦・こどもたち 87
１９９５年◉乳幼児を持つお母さんの悩み／伊丹ルリ子（神戸市・４０代） 88

母親たちに欲しかった育児支援～増えた幼児虐待　89
妊婦さんの不安　90
妊婦Aさんの体験より　92
妊婦Bさんの体験より　93
▼2024年◎安心できる食べ物を子どもたちと共に育みたい／伊丹ルリ子（神戸市・70代、有機農家）　94
1995年◉子どもたちに心を解きほぐす人形劇を／天野光子（西宮市・50代）　96
▼2024年◎孫と開く家庭文庫／天野光子（西宮市・80代）　97

第3章　人権――女性・高齢者・障害者・外国人　99

1995年◉豊かさは誰のためだったのか？／正井禮子（神戸市・40代、ウィメンズネット・こうべ）　100
1995年◉地震があってもなくっても「女三界に家なし」／阿住洋子（明石市・40代）　102
▼2024年◎住まいこそいのちの土台／阿住洋子（神戸市・70代）　105
1995年◉母子家庭に安住の地はないのか！／K・N（神戸市・40代）　108
1995年◉大震災と障害者／車イスマップを作る会（神戸市・40代）　109
［要望書］（車イスマップを作る会から行政へ提出した要望内容）　111
1995年◉障害者は後回し　救いの声に反応冷たく／坂元和美（伊丹市・40代）　112
1995年◉健常者が大変な時は、障害者は後回し？／東 芳子（神戸市・40代）　114
私にとって、泳ぐことはただの遊びじゃない　115

1995年◉避難所へは行けなかった 116
【阪神大震災の男女別犠牲者数】 117
1995年◉女が老いる／西海ゆう子（川西市・40代、小学校教諭） 118
▼2024年◎災害はより弱い者により厳しい／西海ゆう子（川西市・70代） 122
1995年◉安心して老いることのできる街づくりを／中島れい（神戸市・60代） 124
1995年◉女たちの老後／柳川理恵（姫路市・40代） 126
▼2024年◎被災者の情況は少しも変わっていない／山崎昌子（尼崎市・80代） 128
1995年◉行政は外国人に何をしたか？／もりきかずみ（神戸市・50代、アジア女性自立プロジェクト） 130
一、外国人の被災状況 130／二、外国人女性の状況 132
▼2024年◎震災と移住女性―変わったことと変わらなかったこと―／もりきかずみ（神戸市・80代、フィリピン人コミュニティ「マサヤン・タハナン」コーディネーター） 134
1995年◉私たちの声を市政へ！　女性たちの手作り選挙／正井禮子（神戸市・40代、ウィメンズネット・こうべ） 136

第4章　仕事と家族 141

1995年◉会社って何だろう？／正井禮子（神戸市・40代、ウィメンズネット・こうべ） 142
【ホットライン相談者のその後の調査結果】 146
【被災労働者雇用問題調査結果（中間集計）】 147

【避難者実態調査報告書（就業の状況）】 148
【災害に関するアンケート集計結果】 150
1995年◉交通機関は大事なライフライン／いなだ多恵子（神戸市・30代） 152
▼2024年◎戦争をしない未来のために／いなだ多恵子（明石市・60代、学童嘱託臨時支援員） 158
1995年◉パート・アルバイトの大量解雇／黒田智恵（神戸市・40代） 160
1995年◉楽しみの意義／坂木和子（加古川市・40代） 163
1995年◉男を見送るのは女／隅田明子（神戸市・30代） 164
▼2024年◎つながりが大事なんだなぁ／岡本明子
（神戸・60代、NPO法人フェミニストカウンセリング神戸） 166
1995年◉人生山あり山あり／花園華林（神戸市・30代） 168
▼2024年◎人生最強の山／花園華林（神戸市・60代） 170
1995年◉家族の中の心地よい距離／清水晴美（神戸市・40代） 172
▼2024年◎3度の影喪主を経て／清水晴美（明石市・70代） 174
1995年◉振り回されずして、何の人生かな／あまのさとみ（高砂市・40代） 176
1995年◉被災後に見えてきたこと／伊佐田品子（明石市・50代） 178
▼2024年◎30年後、倉吉より／伊佐田品子（倉吉市・80代） 180
1995年◉震災その後／三田光代（神戸市・40代） 182
▼2024年◎あれから30年　何も変わっていない／三田光代（神戸市・70代） 184

第5章　こころとからだ、震災報道　185

1995年◉震災と性暴力／正井禮子（神戸市・40代、ウィメンズネット・こうべ）　186

【避難者実態調査報告書（健康の状況）】　188

1995年◉ストレスからの解放を目指して――保健婦として／赤松彰子（三木市・50代）　190

▼2024年◎女と子どもの問題／赤松彰子（三木市・80代）　192

1995年◉知ってください／F・M（箕面市・30代、『WANTED』No.18 1995年7月8日号より転載）　194

▼2024年◎父が生きられなかった理由を国に問い続ける／藤岡美千代（大阪市・60代）（PTSDの日本兵家族会・寄り添う市民の会関西支部・NPO法人猪飼野セッパラム文庫理事）　196

1995年◉何が変わったのか？――わが胸の想いから／佐々木緋紗子（明石市・40代）　198

▼2024年◎豊かさの追求の果てに／佐々木緋紗子（京都市・70代）　200

1995年◉報道が伝えたもの、伝えなかったもの／和田明子（豊中市・50代）　202

1995年◉こんな暴言は許せない！／I・T（神戸市・30代）　204

和田さんとI・Tさんが反論している大学教授のコラムの概略　206

1995年◉人間性を保つ／山本麗子（宝塚市・40代）　208

▼2024年◎自ら考えることを怠らずに／山本麗子（宝塚市・70代）　210

明日に向けて

まとめにかえて

震災直後の記録

新聞記事で見る「震災と女性」1995年2月〜11月

作成：尼川洋子（ウィメンズ・シンクタンク「ユイ」）

◇パート解雇も続出／女性らの訴え切実（神戸夕・2月4日）
◇震災解雇相次ぐ―兵庫県内／大半が女性、パート照準（産経朝・2月9日）
◇震災同居：私も85歳の父引き取り感情押え切れず感情爆発／無事を喜び握って手も……時とともに重い現実が……（毎日朝・2月16日）
◇復興に女性の声を／「まちづくり推進会議」参加呼びかけ　兵庫県立女性センター（産経朝・2月21日）
◇女性の相談から見えたもの（神戸朝・2月26日）
◇震災体験　町づくりに生かそう／男女共生や弱者を視野に（読売朝・3月6日）
◇ウィメンズネット・こうべ　女性の立場で被災者支援：女たちの家、きょう再開／電話相談や心のケア（神戸朝・3月10日）
◇頼ってばかりいられない!!さあ自立の時／もうすぐ新学期、去り行くボランティア　女性自治会長も誕生：神戸（毎日朝・3月16日）
◇大震災　人とくらし／職場がなくなるパートたち①〜③（読売朝・3月18日〜3月20日）

◇慣れない「同居」募るストレス／阪神大震災2カ月半—増える女性の悩み相談（読売朝・3月27日）
◇地域との一体感を　仮設住宅入居者と地元住民／西区の2女性「西女性会議」結成へ（毎日朝・4月7日）
◇女性パートタイマー　地域型組合で団結／阪神大震災で解雇続出：ユニオン旗揚げし成果（日経夕・4月10日）
◇県女性センターでフォーラム男女共生のまちづくり／参画の機会と受け皿を（神戸朝・4月14日）
◇女性の権利110番：被災者の悩みに答えます／地震で夫が失業、暴力を振るうように……（産経朝・4月15日）
◇助産婦さん連携：被災母子支援のネットワークを／体験わかち合い悩み相談（読売朝・4月15日）
◇女性と大震災①～⑦（産経朝・4月28日～5月5日）
◇阪神大震災・女性の失業：政治、企業が力合わせ「地位安定」へ支援急げ／パートなど狙い撃ち「出勤できない」
　口実に（毎日朝・5月11日）
◇被災地の風 ,95地方選の底流／女性よ生活支える視点市政に（神戸朝・5月22日）
◇女性の視点で提言します／シンクタンク「ユイ」結成：復興の姿・話し合ううちに見えてくる（読売朝・6月6日）
◇復興へ県民の提言集／男女共生の街づくりを：労働や子育て……15項目（神戸朝・6月7日）
◇町づくりに女性の〝英知〟を／24日に県立女性センター市民参加探るセミナー（神戸朝・6月13日）
◇大震災　私たちのそれから／主婦の輪生活犠牲にせず長続きを（神戸朝・6月27日）
◇夫婦仲も揺るがした大震災／大阪の民間団体被災者向けの心のケア電話：1割が離婚や性生活相談（毎日朝・6月28日）
◇主婦の生活目標　震災で変化／頼れるのは隣近所「地域交流」増える：広告代理店、千人に調査（読売朝・7月8日）
◇家族にも深い亀裂　阪神大震災、あす6カ月／離婚や遺産相続トラブル調停申し立て40件に：神戸家裁、
　今後も深刻化の恐れ（毎日朝・7月16日）

◇就職難でトラブルも／女性のこころとからだ電話相談4カ月まとめ：被災地で多発（神戸朝・7月16日）

◇弱者へ深刻な打撃：震災女性電話相談4カ月／子の手にマチ針刺した母、親兄弟との同居で気苦労、勉強遅れ、子の進学不安：夫婦にきずな固ければ……（朝日朝・7月21日）

◇「地震で分かった！アナタの正体」：震災、夫婦間も裂く／県女性センターまとめ　離婚相談が3倍に：生活変化でミゾ深まる、子供の名前忘れた／職失って妻に暴力（神戸朝・7月27日）

◇高齢女性パニック：阪神大震災で70代中心の３４０人調査／「もうだめだ」…女性35％、男性13％「自分が頼り」…女性14％、男性34％（朝日朝・8月31日）

◇「震災離婚」の危機？／妻の相談20件夫はゼロ：「私を置いて逃げた……」夫婦に広がる心の亀裂（朝日朝・9月1日）

◇世界女性会議／阪神大震災被災者訴え職業女性の打撃大きかった（神戸朝・9月2日）

◇世界女性会議／震災で浮き彫り：被災高齢者やパート問題…各国女性に高い関心（読売朝・9月3日）

◇震災の構図／「おうち、大丈夫でした？」：女子学生「被災でも差別」（朝日朝・10月9日）

◇検証阪神大震災　家族／〝非日常〟に試された絆：突然の同居、嫁姑対立／不信、暴力…夫婦に亀裂：妻の心に傷、夫1人が会社の寮に不安から子どもしかる／兵庫県立女性センターに寄せられた震災後半年の相談件数、月別相談傾向（読売朝・10月18日）

◇阪神大震災と性別役割分業を研究する朴木佳緒留さん（毎日朝11月4日）

1995年1月17日震災直後の活動記録（ウィメンズネット・こうべ）	
1月17日	兵庫県南部地震発生
2月16日	女性支援ネットワーク発足（資料1） ＊阪神大震災「女たちの声」呼びかけを決める ＊洗濯機を集めて避難所へ送る活動スタート約120台、ほかに自転車・バイク・テレビ等
2月26日	震災後、初めての『女のネットワーク'91』を発行（No.24）（資料2）
3月6日	「女たちの家」再開、火・金・土に女性のための電話相談開始。（資料3） フェミニストカウンセラーによる「心のケア・プロジェクト」にご協力いただく
3月19日	「女たちで語ろう・阪神大震災」於・明石市勤労福祉会館（資料4）
4月15日	「妊婦さんと乳幼児をかかえたお母さんの集い」於・長田スタートの会
4月19日	同　　於・兵庫県立女性センター
4月13日	「震災を女の目で記録する会」編集会議①
4月23日	「女たちで語ろう・阪神大震災」パート2　仕事編「自分たちで仕事をつくってしまおう」
5月13日	ウィメンズネット・こうべ独自の「女性支援基金」を設立（資料5）
5月7日	「女たちで語ろう・阪神大震災」パート3　街づくり編「私たちはこんな街に住みたい」 於・神戸海員会館
5月26日	「女の心とからだ・学習会」―震災後のストレス―　於・北須磨文化センター
6月3日～10日	正井禮子（ウィメンズネット・こうべ代表）神戸市議選に挑戦（136ページ参照）
7月16日	「女たちで語ろう・阪神大震災」パート4―性暴力を許さない―於・たまや
8月10日	講演会「女性への暴力」馬場暢子氏　於・神戸生活学習センター
9月30日	編集会議⑩　於・神戸生活学習センター
10月29日	「北京会議その後―行動綱領を私たちの暮らしにどう生かすか―於・神戸市勤労会館 川西・伊丹・宝塚・尼崎・西宮・神戸・姫路の各地から約30名
11月19日	「女たちで語ろう・阪神大震災」パート5―離婚なんてこわくない―つくろう母子家庭のネットワーク 於・兵庫県勤労市民センター
11月25日	分科会「女性への暴力」服部範子氏　於：兵庫県立女性センター

ウィメンズネット・こうべから

女性支援ネットワークがスタート

正井　礼子

神戸市内にある「女たちの家」のメンバー、正井礼子さんが、「女性支援ネットワーク」を発足させ、その模様を寄稿してくれた。

阪神・淡路大震災からはや一カ月が過ぎ、鉄道こそようやく東と西が繋がりつつありますが、壊れた民家はまだそのまま、瓦礫の山を通り土埃をかぶりながら歩く日々です。市場もなくなり、なじみの小さなお店が町から消えました。近くの川沿いには、まだテント生活の人たちがたくさんおられます。ずっと神戸で育ち暮らした私には、このような無残な風景がいまだ信じられない思いです。本づくりや、CR（コンシャスネス・レイジング）、学習会などさまざまな活動に夜遅くまで集まったビルも崩壊し、メンバーも数多く被災し、通勤も白紙に戻ったような気がして落ち込む日々でした。でもしばらくすると、「避難所でおばあさんがおじいさんに怒鳴られてばかりいる」「同居した姑から嫁は世話するのが当然とこき使われる」「震災前に暴力的だった夫の暴力がますますひどくなった」「離婚をためらっていたが、震災で一度きりの命だと思ったら、ようやく決意できた」など女たちの声が聞こえてきました。「十二個のおにぎりを夫がこっそり八個食べた後、四個を分けようと言った。信じられない！」という話まで。「震災以来、男性は力仕事、女性は炊き出しや介護と、性別役割分担が自然にできた。それが本能であり、フェミニズムなど机上の空論であった」という学者まで現れ呆れました。

女性たちの支援が必要だと痛切に思い、かろうじて残った「女たちの家」（かなり壊れましたが）を拠点として「女性支援ネットワーク」を発足させ、三月から週二回、家と電話をオープンし心のケアや物資、生活の相談をやっていく予定です。

また、今度の災害は行政災害との声もあります。神戸市は開発行政といわれ経済的発展を優先してきました。しかし福祉はとても立ち遅れ、ヘルパーに経済的保障と身分保障が必要だ、女性を安い労働力として使わないで、という私たちの声を無視してきました。災害時、二千人の登録ボランティアは集まらず、高齢者や障害者のケアも立ち遅れ二次災害と問題になりました。震災後の「街づくり」に私たち女性の声をなんとかとどける作業をしたいと思っています。男たちだけでつくる街でなく、女性の声も反映させて、ほんとうに人間らしい営みのある街づくりをしなければと思っています。

①「女性支援ネットワーク」への活動資金、②「女たちの家」修復のためのカンパをお願いします（振替用紙に①②と記入してください）。

郵便振替　　『女たちの家』

①料理をする調理器具（なべ、かま、包丁、まな板）神戸YWCAへ

②洗たく機がたくさん必要です。中古品でもお店の放出品でもまとまって数台送ってくだされば助かります。窓口　女性支援ネットワーク☎＆FAX

（資料1）1995年2月16日、女性支援ネットワーク発足を伝える新聞

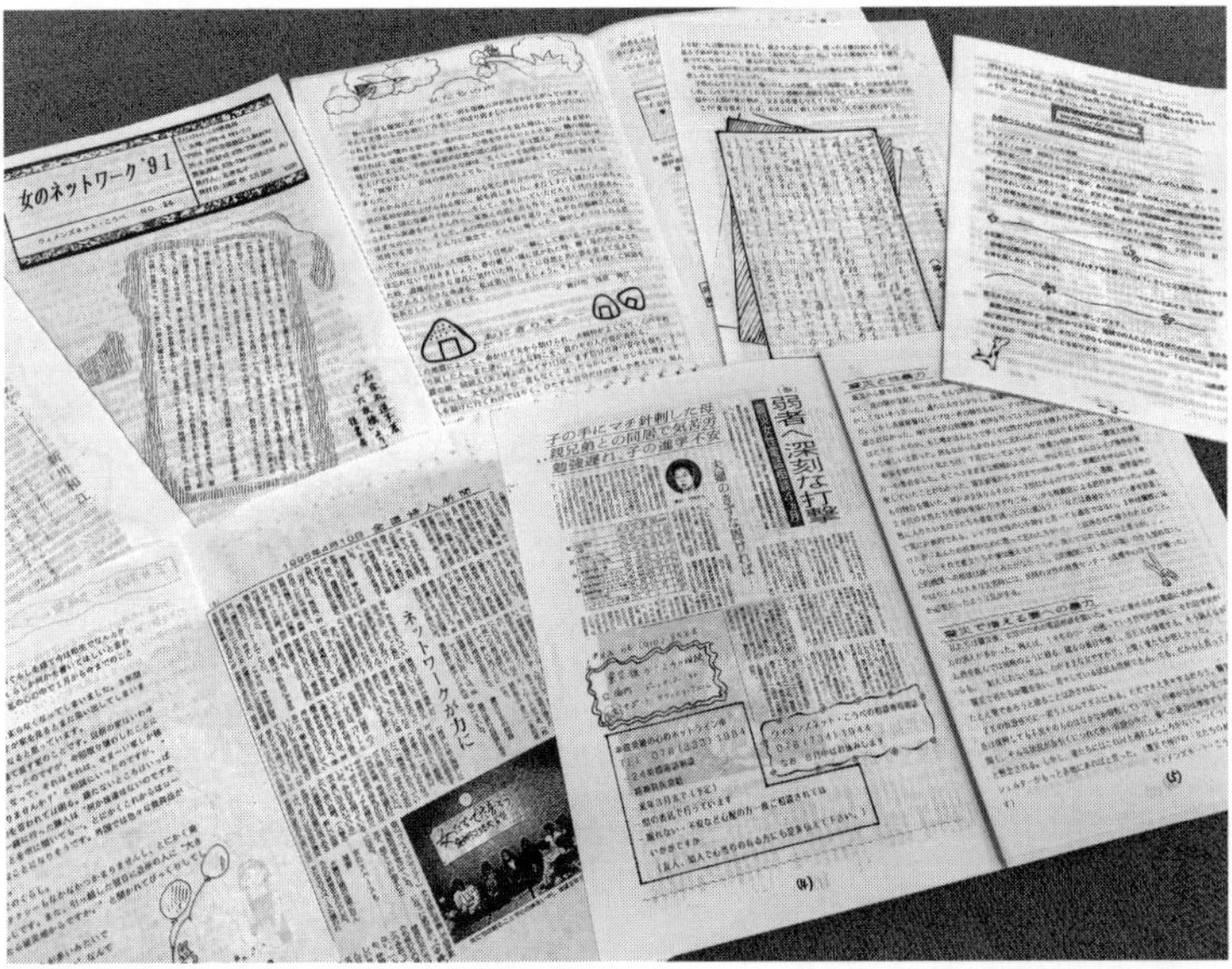

(資料2) ウイメンズネット・こうべの会員誌『女のネットワーク'91』。震災後初の発行は、1995年2月26日だった(№24)。

東須磨
女たちの家
をオープンします
――女性支援ネットワークが発足！――

○女性のための電話相談　火・金・土10～16時

不安やイライラ、仕事や家族関係など、女性のさまざまな悩みを女性の立場にたってお聞きします。女性に関するネットワーク情報もあります。

女たちの家の相談員と「心のケアプロジェクト」神戸チームのフェミニストカウンセラーが電話相談に応じています。

オープンハウスとして、午後はゆっくりティータイムです（火・金・土）。どなたでも気軽に遊びに来てください。（古家でスリルあります）

〈相談専用電話〉☎078-[redacted]

☆母子家庭や一人暮らしで被災された女性たちに呼びかけて、集まって共にゆっくりと語り合える様な場の提供、被災者によるCR（肉親を失った人の自助グループなど）活動もやっていきたいと考えています。

「阪神・淡路大震災　女たちの記録」

・震災で感じたこと・困ったこと・怒ったこと・避難所暮らし
・夫や家族関係の悩み・これからの街づくりへの提言　など、
女性の生の声をお寄せください。

800字程度　4月末締切り

〈送り先〉　ウィメンズネット・こうべ 事務局内
女性支援ネットワーク

〈問いあわせ〉☎078-[redacted]

（資料3）1995年5月6日、「女たちの家」再開。火・金・土に女性のための電話相談開始

女たちで震災体験語る

明石で40人が集い

弱者が取り残されない社会を

女性同士で震災体験を語り合う集い＝明石市立勤労福祉会館

くらし

見捨てられた悲しさや 動けない無念さを話す

震災時の救命活動やその後の救援・復興現場での男性の活躍がクローズアップされたが、女性は震災をどのように受け止めたのだろうか—。このほど明石市内で「女たちで語ろう 阪神淡路大震災」の集いが開かれ、神戸や明石をはじめ、姫路や三木、豊中などから約四十人が集まった。参加者らは、二カ月以上も胸の奥に閉じ込めてきた思いを語り合うとともに、女性同士が支え合ってゆくことの大切さを確認しあった。

一昨年から阪神間の女性グループが集まって開いてきた「兵庫の女のフェスティバル」を急きょ内容変更したもの。自宅が全壊した人も、物理的な被害はほとんどなかった人もいたが、家庭や地域社会でのあつれきや身体の不調など、共感しあえる部分で交流した。つらいことがあっても「私の被害はまだましなのだから」と、感情を抑え込んだ結果、今もいやされない傷みとして残っている人が多かった。

明石市内の四十代の主婦の場合、家は無事だったものの寒さと恐怖で震えていた地震直後、会社員の夫が予定通り出張に行こうとしたのにショックを受けた。「行かないで」とは言い出せないまま、夫は二日後に出掛け、二カ月間行ったきりに。「見捨てられたという悲しさで涙がこぼれ、胃痛と不眠に悩まされた」と話す。また、神戸市須磨区の三十代の女性も、ライフラインが断たれた中、夫は震災翌日から出社。インフルエンザで日に日に容体が悪くなる子どもを抱え、心配で気が狂いそうになったという。

集いの呼び掛け団体の一つ「ウィメンズネット・こうべ」の正井礼子代表は「男性の間では、だれが職場に一番乗りしたかが競争になり、家族を顧みないで頑張ったのが〝美徳〟になったが、その陰には孤軍奮闘する女性たちがいた」と指摘。「家事や育児を担って現場には駆けつけられなかった女性が、責められたり、クビになったりしている」と無念さを話す。

震災で、今までの生き方に自信をなくしかけている女性も多い。

赤ちゃん連れで参加した神戸市兵庫区の会社員は「仕事があれば自分の力で生きていけるとシングルマザーを選んだが、今回はその自信がゆらいだといい、加古川の主婦も「何かの組織に入っていなければ、ボランティアもできないのが悔しかった」と話す。とくに、直接被害を受けた人の間からは「夫が大企業に勤めている家庭には、物資も住む所も、サッと救援の手が差し伸べられたのを見て、余計につらかった」という声が口々に上がった。

しかし、その一方で「だれにも事情を分かってもらえず、職場にも家族にも絶望したが、駆け付けてくれた女友達に支えられた」という声も。

姫路で女性問題懇話会「リベルテ」を主宰する榊川理恵さんは「〝家族愛〟のような口当たりの良い抽象的な概念がアピールされる中、自立を模索してきた女性の生き方に枠がはめられてしまうのが心配だ。夫の会社や組織からの援助を当てにしなくても、だれもが安心して生きてゆける社会システムを作っていかなければ」と訴えていた。

（資料4）1995年3月19日、阪神大震災「女たちで語ろう 阪神淡路大震災」於・明石市勤労福祉会館。（神戸新聞朝刊 1995年3月30日より）

『女性支援基金』設立決定

　阪神・淡路大震災を経て「女たちの家」のオープンと同時に震災にあった女性にむけて“女性支援ネットワーク”を発足してから４カ月となりました。活動については会報No. 24. 25にて報告しています。当初、①女性支援に関するボランティア活動　②『女たちの家』の修復費用として活動資金のカンパをお願いしたのですが、①の費用として東京、愛知ほかから 150万円以上の金額がストックされました。ボランティア活動を通して震災による直接的な物資の支援は一段落（避難所への洗濯機、バイク、下着類の提供など）したので震災をうけた女性へこれからの活動資金を支援をすることになりました。

　起業のとき、新グループ立ちあげの経費、離婚にさいして新住居が必要なときなどを支援する資金の貸付けに利用していただくことにしました。

貸付けは、返済期間は３年以内で無利子。			
書面にて	＊借りた金額		
	＊借りる理由		
	＊返済の目安	例）５０万円を	1. 半年後に全額
			2. １０万/月　５カ月後に完済
			3. ３万/月　16カ月後+2万 etc.

　以上の確約をしますが、目的はあくまでも女性支援ですから柔軟性をもってご相談に応じたいと考えています。ぜひ必要としている方は『女たちの家』まで連絡ください。

　なお、５月末日現在１件予定しています。この件は、震災により立ち退きを迫られている助産所が、他所へ移って再建するための資金の一部です。

　この基金は女性が自立していくうえでの資金としてつかいますので、今後も寄付のご援助もよろしくお願いします。年度末に利用内容は報告いたします。

（文責　いなだ）

郵便振替口座　[redacted]　「女たちの家」

（資料5）1995年5月13日、ウィメンズネット・こうべ独自の「女性支援基金」を設立。各地から寄せられた寄付を原資に、被災した女性や団体、グループへの寄付や、女性の活動を支援する資金として活用された。

阪神・淡路大震災以降、防災対策はどう変わったのか

男女共同参画の視点による防災対策の変遷

～阪神・淡路以降、どこまで進んだのか～

特定非営利活動法人NPO政策研究所専務理事　相川康子
（明石市在住／1995年は神戸新聞記者）

■はじめに

災害時の女性への対応や男女共同参画の視点による防災対策の変遷をたどる前に、まずは阪神・淡路大震災が起きた1995年の状況と〝大震災〟と称されるその揺れが社会をも揺らした影響について考えたい。戦後50年の節目に起きた大都市直下型地震は、高度経済成長期の名残をとどめていた都市の在り方や家族・近隣の人間関係、さらに官（行政）への依存度が高かった官―民関係、国と地方との関係などを問い直す「時代の変換点」だったからだ。

1995年当時の総人口は約1億2557万人と、現在（2024年9月概算値）より178万人ほど多く、高齢化率は14・6％と現在（29・3％）の半分ほど。生産年齢人口（15～64歳）が約8726万人とピークに達していた（註1）こともあり、人口問題はさほど深刻ではなかった。地方公共団体の職員数は、前年の1994年がピークで1995年から減少に転じているが、それでも327万8332人と2023年時点より47万6736人も多い。介護保険や指定管理者の制度はまだなかったため、公的な事業は直営または第3セクターの公社や財団で行われていた。バブル経済は1991年頃に崩壊していたが、まだスマートシュリンク(賢い縮退)の発想はなく、復興まちづくりも人口増や経済成長を前提とした再開発等の手法を無理やり当てはめるしかなかった。

実は、震災から復旧・復興初期の時期は、補完性の原理に基づく「地方分権改革」とほぼ重なっている。1993年の両院決議後、1995年には地方分権推進法が成立し、さらに2000年春の一括法施行に向けて、国から地方への権限移譲や地方の自立(それを理由とした1999年以降の平成の大合併)が模索されていた。当時、国から地方への権限移譲を強く求め、のちに「闘う知事会」と称された全国知事会の論客の一人が、貝原俊民・兵庫県知事(故人)である。実際、阪神・淡路の復興は地元自治体が主体性を発揮し、国はそれを支援するという体制で進められた。

さらに被災地には、全国から年間138万人ものボランティアが駆け付け、被害が少なかった地域の住民ともども、被災者の救援活動や復旧作業、復興まちづくりに奔走した。地元行政が機能マヒに陥っていただけに、ボランティアの活動分野の広さや層の厚さが全国の注目を集め、のちの「特定非営利活動促進法」(通称NPO法)の制定につながっていく。このころ、サラモン&アンハイアーによる民間非営利セクターの国際比較研究の結果が日本に紹介された(註2)こともあり、1990年代後半から2000年代にはNPOブームとでもいうような大きな期待が寄せられていた。

以上のような時代の雰囲気は、2001年春から2006年秋まで長期に政権を握った小泉純一郎氏がよく口にした「国から地方へ、官から民へ」（註3）のスローガンに端的に表れている。

前置きが長くなったが、阪神・淡路大震災は、NPOなど民間非営利セクターの存在感を広く社会に認めさせ、官ー民連携や新しい公共といった、今に続く市民社会的な価値観のひとつの起点になった、ということだ。その市民社会への模索は、男女共同参画や多文化共生といった多様性を重んじるもので、災害とジェンダーの課題につながっている。とくに人権については、誰かから与えられるものではなく、当事者参加やエンパワーメントが重視された。本稿では触れる余裕はないが、2000年代後半からの障がい者権利条約批准に向けた動きもその一環で、近年「インクルーシブ防災（誰ひとり取り残さない防災）」が防災対策のキーワードになりつつある。

■「災害と女性」にかんする政策動向

本稿のテーマである「災害と女性」に関して、1990年代にはNPOブームのような劇的な変化は訪れなかった。しかし、阪神・淡路大震災で明らかになった課題は、新潟県中越地震（2004年）で、政府からの「女性の視点」担当職員の現地派遣や市民団体「新潟県中越大地震『女たちの震災復興』を推進する会」の結成につながり、さらに東日本大震災（2011年）では後述する「東日本大震災女性支援ネットワーク」や「男女共同参画と災害・復興ネットワーク（JWNDRR）」による実践と情報発信、政策提言活動によって大きく前進した。

例えば、30年前は多くの人が、女性たちの苦難は個別の問題で社会的な課題ではないと考えており、性被害やDVに遭った女性の支援に取り組んだ正井禮子さんたちが「デマを流している」と批判されることさえあった。一方、東日本大震災時には「災害時に女性は困難を抱えがちで特有のニーズもある」と考えられ「性被害やDVも当然起こりうる」という前提のもと、防止策や支援策、相談体制が整えられたのは、大きな進歩といえる。

この認識や対応の変化を後退させず、地方の隅々にまで浸透させるには、どうすれば良いのか。またどうすれば今後も進化・深化させていくことができるのか。

日本の法制度や計画は、国際会議等での決定事項が中央政府の基本計画等に盛り込まれ、順次、地方自治体の計画や制度に反映されるパターンが多い。その過程をたどってみよう。

地震があった1995年の9月に北京で開催された第4回世界女性会議には、被災地からも複数の女性グループが参加した。災害とジェンダーは、北京宣言や行動綱領における大きな議題にはならなかったが、5年後のフォローアップでは「防災・災害緩和・災害復興戦略を策定・実施する際には必ずジェンダーの視点を組み入れなければならない」(註4)と重要性が認識された。また、2005年に神戸で開かれた第2回国連防災世界会議の成果である「兵庫行動枠組2005–2015」には「あらゆる災害リスク管理政策、計画、意思決定過程にジェンダーに基づいた考え方を取り入れることが必要」「災害リスク軽減計画を立てる際に、文化的多様性、年齢、及び脆弱な集団が適切に考慮されるべき」などの文言が盛り込まれた。

国内では1999年6月に「男女共同参画社会基本法」が公布・施行され、翌2000年から5年ごとに基本計画を作成している。兵庫行動枠組の後の第二次計画（2005年末）では「新たに取り組みが必要な分野」として「科学技術」や「環境」「地域おこし、まちづくり、観光」と並んで「防災（災害復興を含む）」が入り、第3次以降は文言を変えながらも分野の一つに位置付けられている。また、中央防災会議の防災基本計画も2008年修正で「男女双方の視点に配慮した防災」や「防災に関する政策・方針決定過程及び防災の現場における女性の参画拡大」に言及している。

実務を担う地方自治体の体制を動かしたのは、全国知事会からの働きかけによるところが大きい。2008年に当時千葉県知事だった堂本暁子さんを中心に男女共同参画特別委員会が設けられ、災害対策特別委員会と共同で、全国の自治体に対して「女性・地域住民からみた防災施策のあり方に関する調査」（註5）を実施。防災施策に女性だけでなく高齢者や障がい者、外国人ら多様な人たちの視点が入る余地が少ないことが分かり、避難所の備蓄やレイアウト、運営の工夫などの改善を求めた。

そんな中で起きた東日本大震災（2011年3月）は、津波による沿岸部の壊滅的な被害に加え、福島原発事故による環境汚染や母子避難の問題など、阪神・淡路よりさらに複雑な課題を提起した。

救援や復旧・復興、被災者支援の過程で、発災直後の対応だけでなく復興過程、さらに平常時の在り方こそがリスク軽減のために重要である、という認識が広がった。

身体や心、子どもの養育や家族のケア、居住、雇用、安全確保といった被災女性らの多様なニーズに応えるため、2011年5月に研究者や専門性をもった市民団体による「東日本大震災女性支援ネットワーク」が設立された。加盟団体それぞれの救援活動に加え、ネットワークとして調査研究、政府や国会議員、自治体担当者らに向けた数々の政策提言、研修（人材育成）を行い、国連女性の地位委員会のパラレルイベントでの報告も行った。2014年3月末に解散したが、女性をはじめとする多様な人々のための災害支援の在り方について研修を担う「減災と男女共同参画　研修推進センター」が活動の一部を引き継いでいる。ちなみに同センターの共同代表は、阪神・淡路大震災時に神戸市長田区でボランティア活動をしていた浅野幸子さんで、後述する内閣府男女共同参画局のガイドライン検討会の座長も務めている。

東日本大震災以降は、行政の男女共同参画担当だけでなく、防災・危機管理部局も本気でこの課題に取り組むようになった。2011年末に行われた防災基本計画の修正では、防災対策に地域における多様な生活者の視点を反映させることを総則に掲げたほか、地震災害対策編で女性専用の物干し場、更衣室、授乳室の設置や生理用品、女性用下着の女性による配布、避難所における安全性の確保…など、女性や子育て家庭のニーズへの対応を事細かに示した。国立女性教育会館（NEWC）[註6]は2020年度から「言葉から実践へ」を合言葉に、自治体の男女共同参画担当と防災・危機管理担当とを、結び付けるプログラムを提供している。

2015年には被災地の仙台で、第3回国連防災世界会議が開かれ、女性をテーマにした分科会や催しが多数開かれた。阪神・淡路大震災後のまちづくりで掲げられた「創造的復興」に通じる"Build Back Better"が大きなテーマとなり「仙台防災枠組2015-2030」では、女性が「脆弱な存在」なだけではなく「変革をもたらす主体」でもあり、女性の能力構築や包摂の大切さが強調されている。

内閣府男女共同参画局は、2020年5月に「災害対応力を強化する女性の視点~男女共同参画の視点からの防災・復興ガイドライン~」を公表し、これに基づき、毎年、自治体の取組状況調査を行っている。2023年からは自治体ごとの進展が一目で分かる「見える化マップ」も含めてホームページで公開しているため、みなが地元の自治体の状況を確認できるようになった。

到達点を幾つかの数字で確認しよう。

防災分野の女性参画の指標としてよく使われるのは「地方防災会議における女性委員の割合」である。記録のある2014年の都道府県平均値は2・1%だったが、2023年時点では21・8%と10倍に伸びている。ただし、私も幾つかの地方防災会議委員を務めているが、多くは年1回の開催で、中には5年間一度も対面開催されないなど形骸化している所もあり、会議自体も地域防災計画全体の変更点（事務局案）を了承するにとどまり、市民生活に関連が深い避難所運営マニュアルや備蓄チェック体制などは議論の対象にはならないことが多い。

より具体的な指標として、防災・危機管理部局における女性職員の割合がある。自治体の規模にもよるが、女性職員が1人もいない市区町村がなんと57％（2023年末時点）もある。災害対策本部に会議に出る管理職ともなるとさらに割合は減る。これではいくら計画に書き込んでも、事業実施面では不安が残る。

消防吏員《りいん》の女性割合は3・5％、消防団員では3・7％（いずれも2023年）。2002年に創設された認定NPO法人日本防災士機構によると「防災士」の認証登録者累計は2024年9月末時点で296，214人、うち女性は60，926人と2割を超えた。資格試験に必要な「防災士教本」の2024年度版には「第19講　地域防災と多様性の配慮」が設けられ「男女共同参画の視点に基づく防災対策」にページを割いている。将来、地域防災を担う人材が、育成段階で人権を学ぶ意義は大きい。

■今後の課題～「配慮される存在」から「主体」に

その後も熊本地震（2016年）や西日本豪雨（2018年）などを経て、男女共同参画の視点による防災や被災者支援、復旧・復興のノウハウは少しずつ進歩・充実してきたはずだった。しかし、2024年元日におきた能登半島地震は、その希望的観測を打ちのめした。旧来の性別役割分業を強いられて苦しむ女性が少なからずいたり、満足に治療やケアが受けられないまま災害関連死が増え続けたり、なぜ30年たっても変わらないのか、本当にここは先進国なのかと心が痛む。

30年間の取り組みを俯瞰して、気がかりな点がいくつかある。一つは女性や少数者への配慮がまだ属人的な対応（災害対策本部にたまたま人権に理解のある人がいた、など）にとどまり、システムとして確立できていないことだ。どんな首長や担当者のもとでも、男女共同参画や多文化共生の理念が尊重され、男女共同参画センターなどの関連施設・部局の災害時の役割の重要性が認識されるようにしておくべきである。そのためには、幹部職員を含めた全庁的な研修が欠かせない。また、地域コミュニティにおいても、人権に関する啓発事業を行い、「地区防災計画」（註7）の策定などを通じて女性を含む幅広い人材を防災活動に誘い入れていく努力が必要だろう。

二つ目は、〝女性〟の想定が子育て中の母親や高齢者だけになりがちで、未婚や子どものいない人、そしてＬＧＢＴＱの人たちのニーズが見落とされがちなことだ。さらに障がい者、外国人の対応は性別に配慮せず一括《ひとくく》りにされがちだが、障がいを持つ女性、外国人女性など細分化した検討が求められる。三つ目は、女性たちへの配慮が「避難所運営」に限定されていること。そもそも被災女性たちはプライバシーがないことを嫌って指定避難所に行きたがらないし、ＣＯＶＩＤ－19の流行以降「分散避難」が推奨されていることもあって、ライフラインが止まった自宅や知人宅、ホテルや車中泊などで不自由な生活を送る人も相当数、いると思われる。避難所にいる人に限定せず、在宅被災者らに対して、いかにしてアウトリーチ型の支援を構築するかが今後の最重要課題である。

少子化・高齢化の進展や家族・地域社会の変化によって従来の地域防災が成り立たなくなり

「支援者」よりも「要支援者」が多くなってしまった地域が増えてきている。女性たちが「守られる側」から「守る側」になって、これまでとは異なる地域防災を切り拓いていく必要がある。

地域防災の現場でも、マンパワー不足を補うため、女性の消防団員や防災リーダーの養成に力を入れているが、男社会のままでは、そこに参画できる女性は一部でしかない。「防災分野で女性たちの参画を進める」という方策と同時に「暮らしに関わる多様な分野に防災の要素を入れ込む」という方向性も広げたい。とくに福祉や子育て支援、健康づくり、教育、消費者運動、人権擁護等の分野と防災とは親和性が高い。別分野の活動で培った女性たちの視点や経験が、いまの硬直化した地域防災に、新しい風を吹かせてくれることを期待したい。

後註

（註1） 当時の総人口の69・5％を生産年齢人口が占めていた。ちなみに2024年4月時点の同割合は59・5％と10ポイント低下している。

（註2） 第1次国際比較調査には日本も含まれており、結果はダイヤモンド社から『台頭する非営利セクター』として1996年に出版されている。日本の調査を主導し、本の監訳を務めた今田忠氏（2017年没）は、1996年5月から3年間限定で神戸市内に設置された「阪神・淡路コミュニティ基金」の代表として戦略的に市民活動団体を育て（約80件、3億円の助成）神戸・阪神間の民間非営利セクターの発展に寄与した。

（註3）小泉構造改革の「官から民へ」の「民」は主に営利企業（営利セクター）を想定しており、規制緩和や都市再生が行われた。とはいえ、緊急雇用対策や介護保険制度、指定管理者制度では民間非営利セクターも担い手となり、法人化や雇用促進など基盤強化を加速した。

（註4）国連特別総会「女性2000年会議」（2000年6月）の報告書「北京宣言及び行動綱領実施のための更なる行動とイニシアティブ」には「46、自然災害による犠牲者や損害の増大により、こうした緊急事態に対応する既存のアプローチや介入方法の非効率性や不十分さが認識されるようになった。かかる事態においては、男性に比べ、女性の方が、家族の日常生活の当面のニーズに対応する責任を負う場合が多い。このような状況に伴い、防災・災害緩和・災害復興戦略を策定・実施する際には必ずジェンダーの視点を組み入れなければならないとの認識がますます高まってきている」（総理府仮訳）の記述がある。

（註5）2017年に原ひろ子（故人）や大沢真理ら女性研究者が堂本（当時はJWNDRR代表の立場）の協力を得てフォローアップ調査を行い2008年の状況と比較検討。避難所運営に関して女性の更衣室や授乳室、トイレ等への配慮を指針等に盛り込んでいる自治体が10年間で倍増するなど、取り組みが進んだことが証明された。防災部局だけでなく男女共同参画部局も参加して指針やマニュアルを作成した自治体で、改善の度合いが高かったという。

（註6）NEWCは2005年度に「災害と女性のエンパワーメント」の国際フォーラムを開催して以降、災害とジェンダーに関する研修や資料収集を続けている。

（註7）地区防災計画とは2013年の災害対策基本法改正により創設された制度で、住民や事業者主体で当該地区の防災活動の計画をつくる。対象範囲や活動の体制、内容等は自由に設定でき、ワークショップ等を重ねてボトムアップ型で作成するため、女性を含む幅広い人材の参画が期待されている。

第1章　マグニチュード7・2[※]の不平等——避難所・仮設住宅

（※）平成13年4月23日の気象庁「気象庁マグニチュード検討委員会」結果により、それまでのマグニチュード7・2から、7・3に修正されました。

1995年

はじめに

ウィメンズネット・こうべ　柳川理恵

「日本には社会階層がない？」

仮にあったとしても、努力次第で誰でも大学へ進み、ステップアップできる平等社会、一億総中流階級─なんて、どんなにウソッパチだったか。震災後、どれほど思い知らされたことだろう。地震の揺れは平等にきたとしても、結果は平等ではなかった。古い家や木造文化住宅が壊れ、女性のお年寄りが最も多く亡くなられた。

震災後の立ち上がりの早さは、社会階層によって全く違った。

大企業に勤めている人、いない人。

土地を持っている人、いない人。

定職があるか否か。正職員か否か。貯金の有無。若いか年寄りか。男か女か。そして、男の庇護下にある女か、または一人で生きる女か。

男女賃金格差の酷さは、世界有数。この何十年変わらない。女の給料は男の半分以下。女の給料でコンクリートの家は建たない。いったん結婚・育児で退職すれば、再就職はパート勤務がほとんど。離婚しても子どもがいなければ市営住宅にも入れない。

その結果、高齢女性の一人暮らしは古い家かアパートが多く、最も被害がひどかったのだ。女は一生安い給料で働くか、家でただ働きし、最期は看てくれる人もなく、地震で犠牲になる。運良く助かったとしてもなかなか立ち直れない。

つまり、日本の社会階層の格差が最もひどいのは、「男という階層」と「女という階層」であると、この地震で私たちはつくづく思った。

被災企業は真っ先に女性パートの首を切った。

大企業は、自社の社員にのみ救援物資を贈（送）り、住まいを用意した。そのため「やっぱり大企業よネ」という神話がよみがえった。子どもの受験勉強のために大阪へ疎開した人もいた。

行き場のないお年寄りは、なるべく「家族」に引き取らせるように仕向けられた。

福祉のいたらなさは「家族の愛」にすり替えられ、望まぬ震災同居も無理強いされた。

こうして、大企業・学歴・土地・家・家族神話が再構築されてしまったのである。

1995年

神戸

西海ゆう子（川西市・40代、小学校教諭）

一年足らずの蜜月を
私はこの街で過ごした
坂を上って仰げば緑の山
振り返れば海が見えた
赤い扉の小さな文化住宅が
私たちの初めての仕居《すみか》で
少し体を悪くして
そこで詩を書き始めた
新しい土地に職を得て
この街を去ったが
もう海が見えない
それが悲しく

任地の田舎に落胆し
この街が恋しかった
やがて私は母となり
仕事を持っての子育ては
殊《こと》の外《ほか》つらかったが
実家に戻る途中立ち寄っては
いつかまたここに住むことを願った
海からの風が好きだった
息詰まる日本の暮らしを
どうしても肯定できず
海に向かって開かれたこの街から
私の始まる予感がした

こんなふうに歌いたくはなかった
山と海に挟《はさ》まれた
美しい街だと信じ切っていた
この街が住む人々に

これほどまでに残酷だとは
考えたくもなかった
地を走った一瞬の衝撃に
建物は崩れ落ち
眠っていた人々がその下に押し潰された
炎があがり
夢は跡形もなく燃えてしまった
怖かろう
痛かろう
熱かろう
そして五千余人の生命が
この街に消えた
災いはそれからも続く
収容所と化した避難所は
被災者を温かく迎え入れてくれるでなく
水も食料もなかった
文化都市とは名ばかりで

株式会社と言われた神戸市の利潤は
どこかに行ってしまい
山を崩し海を埋めた開発の
そのつけだけが住民に
重く課せられた
生活を失わなければならなかった
中央政府はなす術《すべ》もなく
地方もしかり
最高の頭脳がそろって手を上げた
代わりに自衛隊は名を上げたが
惨禍に街は息も絶え絶えだった
けれどけれど
手を差し伸べる人々が
次から次へと被災地を訪れた
ひとりの力は小さくても
しょせん、人を救うには人しかなく
混乱の中で人が光った

それでも
この光景は人の心を打ちひしがせるに
十分過ぎた
犠牲者の多くが
老人であり子どもであり
体の不自由な者
幼子を抱えた母親
すべてが私に近い
私の老親であり、私の幼な子であり
私自身であり、十年前の私である
私が生き残れたのは偶然
だから失われた生命を償うためにも
誰もが心穏やかに生きられる街が欲しい
海で世界につながる神戸は
若い故の私の幻想だった
今思う
最も弱い者が守られてこそと

街が再生するのでなく人が生きて始まるのだ
人のために街はある
傷は大きく深い
誰がそれを癒《いや》せよう
それでも人は生きなければ
一人ひとりが生きることでしか
この街は生き返れない
ただ願う
生きて欲しいと
私はこの街から生きることを始めた

35時間生き埋めに

Y・M（西宮市・80代）（インタビュー中辻百合子／老人ホーム施設長）

昭和62年（1987）、87歳の時、私は妹の近くに住めば心丈夫と思い、大阪・住吉から西宮市末広町の文化アパート2階建て木造の1階に転居しました。年金の3万7000円から家賃2万8000円を払って、和裁の仕立てで生計を立てていました。右が近眼、左が白内障のため眼鏡が必要です。

地震は、布団の中でトイレへ行きたくなり、起きようと思っている矢先に起こりました。上下動に思わず布団から立ち上がった瞬間、2階が落ちてくる。気が付いた時は、浴衣の寝巻き1枚の姿で、50センチの空間に斜めに座っていました。柱は、手拭いを絞って引きちぎったようにささくれだったため、頭や顔、手も足も泥だらけ、血だらけでした。「助けて！」と呼べど叫べど返答はありません。足元に段ボール箱があり、その中に小水をするほどでした。

18日の夕方、私の姪はマンションの鉄のドアから出られず、管理人に小窓のガラスを割って、出してもらいました。そして一番に、私を避難所まで探しに来てくれた（私の妹である姪の母親が亡くなる時に、私の老後を頼むと言い残したので）のですが、見当たらないので、消防署の人に頼んだのです。

それで、私は掘り出され、35時間後に助け出されました。

病院で手当てを受けた後、病院は重病者でいっぱいだったため、すぐ避難所へ行きました。

避難所では、やっとカチカチのおにぎり一つもらいましたが、入れ歯なしで中だけ食べる有り様。2月中旬、姪と甥のアパート（6畳と3畳の2間しかない）に行きましたが、甥の嫁の語調の強さに頼るべき先ではないことを悟り、大阪市南港の避難所へ移りました。

ここはサービスがよく、ボランティアのMさんが理事長を知っているからと頼んでくださり、堺市の養護老人ホーム福生園のお世話になりました。今、振り返ってみると、こんなに温かく受け入れてくれたのに、初めの10日余りは思い出しても赤面するほど、えらいゴンタ（わがまま）を言ってしまいました。毎日荷物（救援衣料）をまとめ、これから西宮へ帰る……など。

地震で頭が変になっていたのです。でも、今はおいしいご馳走を食べて、お花見も連れて行っていただき感謝の気持ちで暮らしています。

姪は62歳まで会計をしていた会社がつぶれ、マンションも住むのがやっとの状態で立ち退くか、みんなの意見がまとまらず未定。仕事もなしの独身で私の精神的な支えがやっとと話しています。これから死ぬまで福生園でお世話になりたいと思っています。

生後10カ月の時、腸炎で死にかけました。また、小学生の時、浜寺の海水浴場へ両親と妹、近所の人と一緒に行って、おぼれ、みんなが「死んだ」と諦めかけた時、ポカリと浮き出て来たそうです。これから、3度目の死線を越えての人生です。

怖いものは怖い

矢野あつこ（明石市・40代）

長く感じた揺れの最中なのか、揺れが収まった後なのか、定かではないけれど、「震源地は？日本海側だったら、原発は？」という心配が、頭の中でグルグル回っていた。淡路が震源地と聞いて、「あ～、助かった。怖かった」などと思っていたら、予想だにしなかった阪神間の惨状。地震への恐怖が強まっていく。一日中続く余震におびえる私を見て、「生死もわからない人がいるのに……」と侮蔑《ぶべつ》の色を浮かべた人もいた。

肉親、友人を亡くした人、家をなくした人を思えば、確かにそうだろう。でも怖かった。本当に怖かったのだ。

震災の直後から、被災地へ駆けつけ、動いている人たちがたくさんいた。被害が軽微であった私も、何かしなければ……、とは思うが、動けない。

半ば、放心状態のようで、何も考えることができない。そんな自分が情けなかった。

あれから、2カ月ほど経って、そんな自分を肯定できるようになった。

地震後、一週間で通常の生活に戻った私は、被害なんてゼロに近い。けれど、あの恐怖感にウソはない。他者と比べて、こうだからと言うべきものではない。人それぞれ、感じ方も違うのだからと。今回の震災だけでなく、さまざまな場面で「他者との比較」という物差しで判断するのは理不尽だと改めて思い直した。
現在も、悲しみの中にいる人たち、不自由な生活を余儀なくされている人たちを思い、今一度、この震災を考えたいと。

小学校3年生になった娘は、この震災で「死」というものを身近に感じ始めたようだ。わずか8歳の子が、自分だっていつ死ぬかわからないんだと考えるのはふびんな気もするが、これをきっかけにすべての「命」を慈しむ心をはぐくんでくれればと思う。

それにしても、今年の冬はとても長い。心も体も疲れ切った感じだ。

他者の選択・権利を尊重するということ

矢野あつこ（明石市・70代）

1995年1月の阪神・淡路大震災から30年。1996年版の『女たちが語る阪神・淡路大震災』に掲載された自分の文章を改めて読み直してみると、特段「女性の視点」ではなかったように感じる。

2011年3月に東北で大震災が起こり、地震・津波、それに続く原発事故という過酷な状況が続く現在、改めて自然災害・人災に目を向けた。

1995年当時とは異なりネット社会になった今、情報は激増し、その分迷いや選択肢も増える。安心したいというのは誰しも同じだが、どれを選択するかは人によって違う。

東北の大震災では、「放射能から逃げる」という選択について多くのバッシングがあり、ネットで拡散していった。

2004年新潟、2016年熊本、2024年能登と大きな地震が発生しているが、毎回その都度テレビに映し出されるのは、体育館のようなところにブルーシートと衝立《ついたて》、そこに横たわる避難した人たちだ。そして住みやすいとは言えない仮設住宅。

避難所でのストレスは、弱者=子ども・女性に向かっていることも耳にする。変わらぬ光景・状況だ。30年前に感じた思った「ものさし」は「人権」に通じるものであり、国はその「人権」を踏みにじっていることに今更ながら気づいた。

この30年の間に何が変わったか？女性が置かれている状況も含め、ほとんど何も変わっていないのではないだろうか？他者の選択・権利を尊重するという意識を私たち一人一人が持たない限り、国を変えることはできないと思う。

1995年

おにぎりキュー

O・R（神戸市・40代）

この地震によって、命がけで夫から助けられ、夫婦仲が良くなり、心の平和を取り戻した人。また逆に、こんな時こそ、真のその人の姿が現れる。

地震の朝、同居人（夫と呼ぶのもイヤ!!）は、まず自分の身の安全を保ち、子どもにも私にも「大丈夫か?」の一言もなく、ほったらかして、ガレキに埋まっている人を助けに行くわけでもなく、ひたすら自分のことだけしか考えない。知人より届いた12個のおにぎりも、誰よりも先に食べ、残った4個のおにぎりを私と子どもが食べようとすると、「おれにも一つくれ」。なんと最低な人。8個も食べていながら……。誰もがひもじい時に……。

その他、この「変な奴」には、人間らしい行動など何ひとつなく、失望！　悲しみより怒りでいっぱい。

子どもの心をも大きく傷付けた今回の地震。でも、地震は多くの友が私を抱きしめ、心を癒《いや》してくれるという感動の連続を与えてくれた。熱い涙がこぼれ、温かい人間の愛に触れ、生きる希望も与えてくれた。

だから、この「変な奴め」とは、おさらば。新しい道を私ひとりで歩く決心をした。（4月記）

「おにぎりキュー」その後

いろいろな出来事が山のようにあった。

考えに考え抜いて、私ひとり家を出ることにした。パートの仕事を見つけ、今はファミリーレストランの厨房で料理を作っている。

最初の一カ月は死ぬほどつらく感じた。それというのも、今までは主婦でカルチャーセンター通いの日々だった。それがパートの仕事をするようになって、人から注意を受けながら全く知らない世界で働くことがどんなに孤独であるか、身に染みてわかった。泣かぬ日はなかったくらい落ち込んでいた。

そうしているうち、他の人とも友達になり、働きやすく感じてきた。今は自立に向かって生きることを選択して良かったと思う。もし、おにぎりの事件がなかったら、私は奴の家族として精神的に苦しみながら、愚痴をこぼしながら嫌な女になっていたと思う。

今は、その気になれば女ひとり生きてゆける自信でいっぱいだ。

奴とオサラバできた自分に乾杯！（10月記）

1995年

避難所の1カ月

M・K（神戸市・80代）（インタビュー 中辻百合子／老人ホーム施設長）

どのような災害でも避難所生活は1カ月が限度といわれている。この前後から人間関係も極度に緊迫し、弱者の泣き寝入りという避難所現象が現れる。

周囲への遠慮から深夜にもかかわらず、夜泣きする乳児を抱えて、寒風の吹きすさぶグラウンドや公園に立ち尽くす。また紙おむつが少なく、断水が続いているため途方に暮れ、半狂乱状態になり、連日の睡眠不足と疲労で日ごとにやつれていく（老人用の紙おむつは全くなかった）。あちこちで、あらぬ一点を何時間も凝視したり、正座してうつむいたまま動かない老人を見かける。老人たちは、話の脈絡がなくなって、物事への関心が鈍り、いわゆる心的外傷合併症候群が顕著になる。これは中高年にも広がっていた。

通常なら入院が必要な病人も、治療機関の被災により入院拒否が続いた。劣悪な条件での生活で、慢性病は悪化していく（循環器専門病院で、脊髄損傷《せきずいそんしょう》患者が廊下に寝かされていた）。

震災によって失業した者（港湾設備の破壊による失業者が多かった）は、職場に復帰できるあてもなく、苛立ちが募り、あちこちで些細なことで口論が始まる。老人の湿布薬のにおいにも難癖をつけるため、老人や病人たちは外で湿布の張り替えをするようになる。

子どもたち、親戚が遥々《はるばる》遠方から電車やバスを乗り継いで足しげく見舞いに来るものの、いつものセリフは「何か用があれば遠慮なく」（親たちは「特別な援助はしません」と解釈する）。

親たちは「なぜ私らと一緒に暮らそうと言ってくれないのか」と嘆いて、夜、物陰で泣いていたぞ。（取材者注・避難所の多くの女性たちは、一緒に暮らそうと言っては欲しいけれど、やはり、ひとりで暮らしたいと話していました。子どもと暮らしたいというのは、男性に多かったようです）。

私は、1月17日から1カ月間、暖房は禁止され、戸もなく風の吹き込む某小学校の体育館倉庫で過ごした。朝食は菓子パン2個、昼食抜き、夜食はにぎりめしパック2個。栄養の悪さと流感と、寒さにふるえていた。これは、いわば生体実験の中での見聞の一端である。

◇　◇

この男性は元教諭で、神戸市中央区の高層マンションで罹災《りさい》しました。ねじれた建物は危険を覚悟すれば自室に入れますが、持病の喘息《ぜんそく》があり、エレベーターが止まっていて10階まで上る自信がないため、震災後は自室を見ていません。友人が有料老人ホームに入居していた関係で、4月中旬に病院からホームへ転居。衣類は友人が元のマンションから運び出し、寝具類は当地で購入しました。

震災から1カ月

柴田多恵（神戸市・40代）

学校が避難所になったこと

「こんなに長く学校が避難所になるなんて思わなかった」。これが被災民と学校関係者の共通した感想だろう。こんなことはかつてなかったことなのだ。空前の大震災。致し方ないと言えばそれまでだ。しかし、こんな災害は二度と起こらないとは、誰にも言えない。

また起きた時、学校が避難所になるというのは適当なのだろうか。考えてみる必要があると思う。学校が避難所になって、子どもたちの学ぶ場が失われた。

学ぶことは、家でもできるかもしれない。でも、大人に仕事など社会的な活動があるように、子どもたちにとって学校は生活の場、社会なのである。それが失われるのはどうであろうか。

被害を多く受けた子どもであっても、学校に行き友達に会うことはその子の心のケアになるず。生きるバネになるはず。このことは、今後の大きな課題だ。

道路に落ちたガレキ

地震から1カ月が過ぎたころから、壊れた家屋の撤去作業が始まった。全壊の家、半壊の家、ショベルカーで壊し、大きなダンプカーでそのガレキを積み込む。もちろん覆いなどない。ガレキを積めるだけ積んだダンプカーは、ゴミ捨て場に向かった。みんな神戸の街を一刻も早く復興しようと必死なのだ。

でも、スピードを上げてゴミ捨て場に向かうトラックから、風に飛ばされたゴミが道路に落ちていった。畳のような物まで。そのゴミの量はかなりのもので、道路の両側がまるで小さなゴミ捨て場のようになった。

近所の中学校のPTAではボランティア活動の一つとして「道路の清掃」というものまで生まれた。

ゴミを拾っていたら古い写真もあったそうだ。セピア色の写真、思い出深いものだろうに……。

気の毒で胸がつまったと言う人もいた。

しかし、このゴミ、こんなにまき散らしていいのか。

そして、何もかも一緒に燃やしていいのか。

ゴミ捨て場からかなり離れた地域の人も臭うと言う。きっと空気は汚れているはず。大丈夫なのだろうか。

自粛、自粛というけれど……

震災から1カ月。余震も間遠《まどお》になった。ふうーっという主婦のため息が聞こえる。震災同居が始まった家。連日お風呂屋さんをした家。夕食を作り、被災した人をもてなした家。夫の留守を守り、半日で帰る子どもの昼ご飯を作る。こんな時だからとみんな頑張《がんば》ってきた。家があるだけまし。ガスぐらい、水ぐらい出なくても、被害がひどかった人たちのことを思ったら、不平は言えない。わかっているのだけれど、八方塞《ふさ》がりの状態で、じっと家の中で1カ月。何の楽しみもない。

近所でボランティアに行って来たなどと言う人がいると、何もしていない自分が恥ずかしくなる。地震以来、留守番を怖がるようになった子どもを置いて行けないが、何の役にも立っていないようで嫌になり、ため息が出る。

遠方の友人は「大変でしょう。つらいでしょう」と電話をくれる。そうでもないけれど、あまり「ひどいんでしょう」と繰り返し言われると、明るい声も出せなくなって、「ウーン。まあーね」と答える。その受け答えに疲れて、またため息が出る。

どこでも、ここでも自粛、自粛。こんな非常時にそんな……、という圧迫に少し耐えられなくなった。こんな時だからこそ何か楽しいことが欲しい、ほっとしたい、と思うのはやっぱり贅沢《ぜいたく》なのだろうか。

1995年

仮設に暮らして

宮里 文(神戸市・30代)

職場で仮設住宅のことが話題になった時、「仮設が遠いからという理由で、避難所にいる人はわがままやわ」という話になった。

「ただのわがまま」果たしてそうだろうか。今、怖いのは、同じ被災地に住みながらも被災の格差が生み出した偏見だ。

同じ痛みを味わったから、何もかも分かち合えるというのは、違うようだ。それぞれの事情や選択があったことに思いをはせる想像力が欠けているのではないか。一瞬にして、家庭や夢や希望をなくした人に、生きる勇気が戻るまで優しく見守ってほしい。

しかし、ボランティアの人々の思いも、被災者と少しずれる場合もある。

例えば、ある日の夜7時、私の寝ている横にスクリーンを張り、寅さんの映画の上映会を始めた。みんな昼間の片付けなどの疲れでへとへとになって、もう寝ようとしている時だった。寅さんの映画に興味のない人だっているのだ。

炊き出しに並ぶのもプライドを傷つけられた。

まるで施しを受けているようで惨めな気持ちにさせられた。

まだ、積み上げられた弁当を自分で取って食べるほうが気が楽だった。

仮設住宅について話そう。

4月16日、仮設住宅のカギ渡し。うちは3人の子どもたちと4人暮らしの母子家庭で、優先順位があったから、もっと早くに当たるだろうと思っていた。それまで子どもたちは大阪の友人宅に避難させていた。私は看護学校へ通っていたので、半壊の家にとどまり、離れて暮らしていた。

4月22日、ボランティアの方々や友人たちの助けを借りて、仮設に引っ越す。

そこは2~8戸の棟続きの長屋が48軒建っていた。舗装されていないデコボコの地面に、フェンスが張りめぐらされ、電信柱が1本立っている。まるで捕虜収容所。

フェンスの切れ目から、仮設に入って行く時、私はいつも誰かに見られるのを恐れて周りを見回す。

ひどく惨めな思いがわき上がる。私が悪いわけではないのに。

6月10日、ドアの上にひさしが付く。6月29日、エアコンが付く。7月7日、外灯がつく。

5月、6月が過ぎたころ、名谷駅（神戸市）から徒歩15分の、この仮設に入居したのは、半分にも満たなかった。

現在は、空き家は数軒しかない。近所付き合いらしいものは、まだ始まっていない。みんな寡黙だ。

長雨が続くと、大きな水たまりができて歩けないことが一つ。大きな石を飛び石になるように置き、溝を掘り、水はけを良くしているが、それでは追いつかない。建物の下は地面との間にすき間があり、水がたまっている。その水たまりにアメンボがスイスイ泳いでいる。

アメンボを捕りに、小学生が家の下をのぞきに来る。サッシから家の中が丸見えになるので、のぞかれるのが嫌でカーテンを開けることができない。そのせいか、サッシの下の畳にカビが生えた。押し入れの棚は、重い物を入れ過ぎたせいか、壊れてきた。サッシがゆがんできたのか、カギが締まらなくなった。

隣の物音、話し声がよく聞こえる。静かにしなくては……、とプレッシャーになる。隣の部屋のカギを開ける音は、まるで私の部屋を開けて、今にも誰かが入って来そうに感じるし、地震の後遺症か、夜も電気を消すのが怖く、パジャマに着替えられない。

どんなに元の生活に戻ろうとしても、また壊されるのではないかと思いにとらわれる。地震直後の街が、怖い体験が、フラッシュバックのようによみがえる。

これらのことは、ただ単に私の場合だけのこと。誰かに何とかしてもらおうとは思わない。きっと何かの役に立つはずだと思っている。

そして私はこうも決めた。人の痛みに敏感なナースになりたい。早く一人前になって海外協力隊に参加しようと。

生きる意味を見出す30年

宮里　文（神戸市・60代　看護師、アロマセラピスト）

阪神・淡路大震災後20年以上、パジャマに着替えることができませんでした。何かあったら、すぐに対応できるようにとの身構えなのか、外に出ていける格好で寝ていました。震災の後遺症は、どれだけ時間が経っても、様々な形で、その人の中に残るものだなぁと思います。

あの日は、看護学校の卒業試験の朝でした。徹夜覚悟で勉強していたので、早朝の地響きのような音と足元が崩れるような大きな揺れを今でも覚えています。先の見えない不安と恐怖の日々でしたが、半壊の自宅と近くの避難所を行き来しながら、「避難所のボランティアに行きなさい。きっと今後の役に立つから」という先生の言葉に従って、公園や小学校の体育館で足湯隊をするようになりました。

足湯隊での経験は、人の語りに耳を傾けるという傾聴や共感の大切さを学ぶ機会となりました。そして、その方がどのように生きてきたか、その人らしい生き方を尊重しつつ共有していくナラティブ（物語りと対話に基づく）な看護を育むことにつながりました。

更に〝人の心に触れるタッチケア〟のアロマセラピーに出会い、アロマセラピストの資格も取得しました。

2011年3月の東日本大震災では、震災を経験した自分にも何かできるのではないかと、すぐに『ハンドマッサージのボランティア』を始めました。神戸市や宝塚市のボランティアバスに乗ったり、複数の助成金に応募して、岩手、宮城、福島を訪れた回数は10回以上になりました。「神戸から来ました」と話すと、私の周りに輪ができたこともあります。

現地の社協さんからの依頼を受けて、『セルフケアや支援のためのハンドマッサージ講習会』も開催しました。

海外協力隊に参加することを願った時期もありましたが、自分なりにではありますが、人の心に寄り添うボランティアグループを立ち上げることができたように思います。

震災は、未来を奪われ、孤独を味わう苦しい体験でしたが、生老病死、人生の悲喜こもごもや、社会とのつながりや日々の営みを通して、前を向いて生きていくことを教えてくれました。生きる意味を見出す30年間だったと思います。

仮設住居の狭間で

橋本幸子（神戸市・70代）

仮設住居の独りすまいに
恋しい人が訪ねて来る
父が、母が、夫が
今は亡き人が
次々と入口に立つ
仮設住居の高い窓に
雨の雫が流れて落ちる
この窓はひらかない窓
鴨長明だって
この家には
さよならするだろう
仮設住居の一輪挿しに
道端に咲いていた
昼顔の花がよく似合う
淡いピンクの優しい色が
私にほほえみかける

仮設住居の風鈴は
生まれ故郷の明珍火ばし
地震で三本になったけど
澄んだ音が初夏の風の中にかすか
今の私には
禅の話もいらぬ
念仏の話もいらぬ
ひらかぬ窓に流れる雲を眺めて
鳥も来ない仮設の中で
風鈴を聞いていたい
昼顔の花を眺めていたい
もう帰らない
七二年の過ぎた時間と
四〇年の住み慣れた家を
忘れたい
忘れられる人に
会いたい

1995年

神戸トイレ調査に参加して

川本ミハル（尼崎市・40代、公衆トイレ探検隊）

日本トイレ協会と神戸国際トイレピアの会が、阪神大震災に伴うトイレに関する調査を行った。公衆トイレ探検隊の私も、さっそくこの調査に参加した。「公衆トイレ探検隊」は、1992年2月に結成。

兵庫県女性フォーラムで「公衆トイレは女性にやさしいか?」をテーマに、大阪駅周辺と尼崎市内の駅、公園、デパートなどのトイレを調査、発表したのが最初だ。その時、この活動に多くの支持を得てしまい、その激励と口車にのって、大阪から神戸間100カ所を調査。なんと、本にまとめて書店で売ってしまったのだ。

さて、話は戻り、2月25日、私は寸断された電車を乗り継いで、尼崎から調査に参加した。1チーム5人の編成で、私たちは長田区北部を調査することになった。調査表のほかに、トイレの清掃用にブラシ、バケツ、洗剤、そしてならし棒という、大便の山をつきくずす棒（こんなの初めて見た）を車に積み込んだ。

避難所となっている学校五カ所と公園のトイレ目指して出発した。

避難所の運営責任者の話を簡単にまとめてみた。

まず、仮設トイレが設置されるまでは、学校のトイレ（もちろん水洗）の便器は、大便がテンコ盛り。これを取り除く作業（スコップでゴミ袋に入れる）から取り組んだ。プールや川から水を運び、少しきれいになったトイレでは、小便の時は水を少し流し、大便の時は新聞紙を敷いて排せつを済ませたら、くるんでゴミ袋に入れることを徹底させた。

仮設トイレが到着したのは被災して約1週間が過ぎてから。水が出始めたのは、2〜4週間後のことだった。私たちが調査したのは、1カ月過ぎで、どこも通常の水洗トイレを使用し、きれいに清掃されていた。もはや、ほとんどの仮設トイレは無用のしろものとなっていた。もっとも、最後に立ち寄った公園のトイレは、実に清掃のしがいがあったが……。

全国から送られてきた仮設トイレを使用してみて……

まず、備蓄用テント式トイレは使用しづらかった。カギがかからず全体がぐらついて、中にいると怖い。夜は外に影が映る。組み立て方法がわからず手間取った、などの意見があった。

また、一般の仮設トイレも、ぐらついて使用しにくい。悪臭がする。汚物缶がない。男女の別がない。階段があると障害者には使いづらい。運動場の端っこに設置されていて、夜間の使用は怖い、などの意見があった。

震災直後は、木陰やガレキの陰で用を足した人も多いとか。やはり被災地には、何はさておき、いの一番にトイレを届けてほしい。

余震におびえる毎日なのだから、トイレはしっかりと固定して、安全第一。誰だってトイレで下敷きになって死にたくない。そして水洗トイレは水があってこそ成り立つもの。ふだんから雨水利用など、貯水が必要だと痛感した。

2024年

「トイレ探検隊」から出発して

川本ミハル（尼崎市・80代、子育て広場あみんぐステーション代表）

あれから30年、振り返るとあっという間。震災の年が、北京での世界女性会議北京。前年に「尼崎・北京の会」を結成し、申し込み済みだったが被害の大きさに逡巡した。県立女性センター所長に「いける人で行っておいで」との声に決断し、34人で参加した。かの地で『パート労働と女性』『震災と女性』をテーマにワークショップを開催し、世界の女性たちと語り合った。その後1998年、日本女性会議尼崎を開催。2日間で2、600人を超える人の参加を得て熱心に議論した。私は分科会『女性と震災』を担当、コーディネーターに朝日新聞の川名紀美さん、パネリストに正井禮子さん、川畑真理子さん、永岡美紀さんを迎え『マグニチュード7・2の不平等』をテーマに、女性や障がいを持つ人の不平等を議論した。

思い起こせば震災前、尼崎市は議員不正出張事件から議会は解散。選挙で多くの女性と手を結び、「トイレ探検隊」から親友を市議会に送り出した。この時、女性議員の割合が5人から10人に倍増した。

2002年には、白井文さんが初の女性市長となり、続いて稲村和美さんと2代続いての女性市長で20年。これには、思想信条を超えた女性の繋《つな》がりとパワーがあった。私もそのパワーにのって、仲間数人と「NPO法人男女共同参画ネット」を設立し、自治法改正で民間移管となる尼崎市女性センターの公募に手を挙げた。あれから尼崎市女性センター・トレピエの管理運営業務に、団体は4期20年を積み上げてきた。

私個人は現在、子育て支援施設・あみんぐステーションの代表として丸10年、地元で若い仲間たちと頑張《がんば》っている。

ちなみに震災時に「公衆トイレ探検隊」で、「公衆トイレ事情」を調査したが、現在は避難所や各家庭の雨水利用や貯水が進み、『誰でもトイレ』も進んでいるようだ。

阪神・淡路大震災のような直下型地震も恐ろしいが、南海トラフ地震の津波も恐ろしい。

コロナ禍を乗り越え、地球沸騰化の中、この8月8日の宮崎県での地震から「南海トラフ地震臨時情報（巨大地震注意）」が発表され、備蓄品の見直しと心構えをした1週間だった。

1995年

豆たん風呂顛末記《てんまつき》

小林まゆみ（神戸市・50代）

2月1日、「バンザーイ」水が出た。食器がきれいに洗える。頭が洗える。土付き野菜も食べられる。水が出るなら貸してあげようと、2月6日、知り合いの野菜生産者が、ひのき風呂をライトバンに乗せて運んで来てくれた。

昔の湯豆腐のおけを拡大したようなものである。大正時代に作られて、あまり使われないままに保存されていたのを昨年末に他人から譲り受け、一度、寒空に満天の星を見ながら入ってみたとのこと。

正式名はわからないので、我が家では「豆たん風呂」と呼んだ。

米国製豆たん（バーベキュー用で60～70個入り400円）も持って来てくれた。昔の日本製より軟らかくて少し小さく、値段も安いとのこと。一袋近く燃やして四時間ほどで沸くだろうとのこと。時間はかかっても400円で家族4人が入れれば安いもの。風呂おけを洗って、水漏れを防ぐために上まで水を張って2日待てば、木が水を含んでふくらみ、漏れる心配もなくなるという。

2月8日朝、家族3人に「今日はお風呂の日」と宣言する。夕方4時ごろから準備を始める。豆炭5～6個に火をつける。煙突をはずす。上からのぞき込みながら、火ばしで豆たんを挟《はさ》んで

豆たん風呂顛《テン》末記
問題
①から②へ風呂桶に足を入れないでどうして入ったか、
2 洗う
3 温まる
4 出る
1 服をぬぐ
直径9cm
煙突をはずして豆炭と炭をつぐ
水が洩れてたまる
灰が落ちて洗面器一杯になる

落とさないように入れる。表面に点火剤が付いているので、しばらくはボーボーと燃え上がる。豆たんは燃えた後の灰が多く、すぐ灰で底が詰まって火力が落ちる。20～30分ごとに下から灰を落として、空気の流れを良くし、新しい豆炭を入れる。そのたびに、一酸化炭素と臭いで気分が悪くなるので、あねさんかぶりにマスクをして、息を詰めて火加減を見る。

時間が遅くなってくると、台所のガスコンロで何回か湯を沸かして足していく。5時間ほどでやっとお風呂のできあがり。

お風呂を楽しみに、いそいそと帰ってきた家族から歓声が上がる。みんなに入浴心得を申し渡す。

①入る前にヤカンか鍋に熱湯を用意しておくこと
②奥の浴槽（我が家の元々の浴槽）にまず入って体を洗うこと
③その後でひのきの風呂につかること
④出たら湯を足して、次の人のために炭を絶やさぬこと

入浴の順番がそれぞれの好みと性格で決まる。長女が一番に入って、入る準備の仕上げをする。風呂のふたの上に置いた換気扇代わりの扇風機と台を取り、窓を閉める。窓を閉めると豆たんは危ないので、木炭に切り替えるのだ。

次に入るのはお客さんが2人ほど（隣人や娘の友達）。その後、次女、私、夫である。

なぜ夫が最後なのかというと、体が大きいので、浴槽につかると湯がたくさんこぼれてしまうから。後の人のことを考えて気を遣うより、最後に好きなように入るのが、のびのびできていいんだそうな。

豆炭風呂に体を沈める。

体にひのきの柔らかい感触、木の良い匂い、柔らかい湯あたり。何もかも忘れてしばらくウットリ。

体が芯から温まり、いつまでもポカポカ。お風呂から上がってくると、みんな顔がほころんで「お先にゴチソーサマ」となる。お風呂をする日はお風呂が一番のごちそうだった。

2月8日から3月3日の間に豆たん風呂を6回。豆たん風呂に入った人はみんな、大喜び。私はといえば、後半ちょっとくたびれて、ガスが出るのが待ち遠しくなった。

このころは、温かい食事と、自分の家で寝られること、そしてお風呂に入れることが、何よりうれしく幸せに感じたものだった。

2024年

プチ老老介護

小林まゆみ（芦屋市・80代、心といのちをはぐくむ会〔共同購入の会〕）

30年前は震災復興のために日夜走り回っていた夫が、この春に多発性骨髄腫を発症。通算約2カ月の入院。現在は週1日の通院治療になり車で送り迎えしている。要介護4になり介護ベッドのレンタル、トイレやお風呂の手すり等の改修で1割負担になる。ありがたいと思う。現在は抗がん剤の副反応で食事量が減り体力が失われて、一人での外出が困難になった。倦怠感《けんたいかん》が強くて、寝たり起きたりしながら心身を紛らわしている。手足のしびれがあって爪切りの介助等、病気になると色々不都合が出てくる。治らない病気らしいが少しずつ良くなっているので、秋になったら一人での通院が目標である。

阪神・淡路大震災から30年、豆たん風呂を持ってきてくれた生産者とまだおつきあいしている。震災後、野菜は市民農園で6～7割自給。野菜を作るために毎夕畑に通う事が心身の健康に繋《つな》がっている。

多分これからも、否これからも、同じ生き方を続けていきたいと願っている。

1995年

古巣

稲村恵子（神戸市・40代）

不謹慎かもしれないが、天と地がひっくり返るほどの恐怖が去った後、まず感じたのは、言いようのない解放感だった。手足がのびのびと生えてくるような感触だった。夜明け前、家族4人で、私の父の住むボロ家に向かって走る間も、それは消えなかった。

ガスのにおいが充満し、暗闇に火の粉が舞っていた。

父の家の屋根が視野に入った時、体じゅうに広がっていた生き生きした感情はたちまちしぼんでしまった。玄関の戸を押し開けると、父の飼っている犬が飛び出して来た。奥に向かい、大声で安否を尋ねると、懐中電灯をぶら下げた父が猿そっくりの顔を見せた。

私はその場にへなへなとしゃがみ込んだ。

建って50年近くにもなるこの家がどうしてへしゃげなかったのか、不思議でならなかった。

走って来る途中にも、跡形もないほどに壊れた建物をいくつも目にした。

隣家の方が言うには、地震の直後に、家の外に出るようにいくら言っても、父は表に出ようとしなかったらしい。

私は、亡くなった母の思い出が家の隅々に残っているこの家に皆無といっていいほど愛着がなかった。建て直して一緒に暮らそうとこれまでに何度も言ってきたが、父はがんとして聞き入れなかった。私は、瓦のなくなった坊主頭のような屋根をしみじみと見上げ、大きなため息をついた。

一カ月後、父は家の解体を決意した。とたんに、父は食欲をなくし、胸から腹部にかけて、耐えられない痛みが走ると日夜訴えるようになった。水汲みに奔走する娘の苦労を知ってか知らずか、死期が近いとまで言い出した。

精密検査の結果、医師の診断では、「パンツのゴムがきついのでしょう」と言うことであった。

2024年
神戸港の衰退
稲村恵子（神戸市・70代）

阪神淡路大震災から30年近く過ぎた。つかのまであった気がする。

地震の発生で、神戸港の岸壁が破損したため、船舶電話の取付け取外しを生業としていた我が家は廃業を余儀なくされた。

神戸港にとって、震災は、かつての輝きを取り戻す機会を永久に失わせる事態を招いた。

トドメを刺されたと言ってもいい。神戸港の衰退は、バブル絶頂期に既に始まっていた。夜間の荷役の取り扱い業務が廃止になった時点で、港としての価値を失った。加えて、神戸市は船舶が岸壁に停泊するさいに支払う岸壁手数料を値上げした。だれが決定したのか?!

当時の日経新聞には、韓国の釜山や台湾の高雄に、ポートアイランドに勝るとも劣らないコンテナバースの写真が掲載されていた。神戸市の港湾責任者は、この事実に気づかなかったのか？わざと目をそらしたのか？震災の起きる何年も前から、神戸港に入る船舶は日毎に減少した。

外国の船会社はポーアイのコンテナヤードを引き払い、高雄や釜山へ移転した。夜間も荷役が可能で、停泊料が神戸港より安く、アジア一帯に輸送できる港が好まれることは火を見るより明らかだった。

神戸の繁栄は港なくして語れない。

現在のポートアイランド、六甲アイランドのコンテナヤードはその機能をほぼ果たしていない。閑散とした光景が広がっている。かつて神戸港の荷役取り扱い量は、ロッテルダム、ニューヨークについで世界第三位だった。今、70位以下である。

神戸市の公式サイトに順位は載っているが、港湾の衰退に関しては一行も触れていない。人口減少も歯止めがかからない。異人館に観光客が押し寄せた日々は過去の話となった。

復興とはほど遠いこの現状がいつまで続くのか。

「ミナト神戸」の名に羞《は》じない港湾の活性化を、次世代は待ち望んでいると思う。

1995年

避難所の弁当は腐らない

公庄れい（神戸市・60代）

この大震災で私たちに問われているものは、私たちの人権感覚なんだという思いが、震災後、半年経った現在、いよいよ深く私をとらえている。

次に挙げるのは、神戸市東灘区の赤塚山高校の避難所へ夕食として配られた、2月15日の弁当の記録である。その日の朝食はパンと牛乳、昼食はなし。避難者は日に3度も食べなくてもいい、ということなのだろうか。

ノリでくるんだ三角おにぎり2個。やや大きめのカツ。真っ赤な小さなウインナーソーセージ。ミンチボール2個（すべて冷えてカチカチである）。

2月15日に配られた弁当は、3月15日には、外見は配られた時のままであった。

3月18日、カツの一部に5ミリほどのカビが発生。コチコチのおにぎりが軟らかくなり、腐敗したのは4月も半ばを過ぎてからだった。

こんな恐ろしい食品を何カ月も市民に食べさせ続けた行政、それを黙認する議会。

人間としての痛みはどこへ行ってしまったの？

1995年

やもりのみっちゃん

柳川理恵（姫路市・40代）

1月17日、死者の名前が累々《るいるい》とテレビで流される。それでもまだ他人事だと思っていた。ふと聞き覚えのある名前が聞こえた。叔母と従姉の名である。まさか、同姓同名が2人も？　住所もぴったり。電話に飛びつくが、通じない。どこにもかからない。財布をつかんで公衆電話を探しに走った。

叔母の家は、代々庄屋だった。築300年。兵庫百選の民家に選ばれ、市の史跡でもあった。本宅は全壊、門長屋と蔵と離れ屋、庭は無事だった。4人家族のうち、叔母と従姉は即死。従姉の夫と息子は無傷で救出された。震災当日の17日通夜。姫路駅で弁当を買い占め、飲料水とラーメンを積み、ガソリンを満タンにする。夫の運転で午後出発。夜8時三宮にて通行止め。これ以上東へ進むことを断念した。三宮は真っ暗、廃墟だった。

翌18日葬式。朝8時に姫路発、昼2時尼崎着。300坪の家はぺっちゃんこだ。助かった方が不思議である。長い大黒柱が折れずに、門まで倒れていた。

遺体はエジプトのミイラのように、全身を白い布で覆われていた。美人もかたなしだった。

叔母は戦前20歳で職業軍人と結婚、21、22で出産、23で夫が戦死した。出征する前、ひそかに父親を廃嫡《はいちゃく》処分にし、全財産を幼い娘の名義に書き換えていた。若い妻と子の行く末を心配したのか、家を守れと思ったのか。

叔母は娘を連れて里へも帰れず、舅《しゅうと》に婿養子をとらされた。わずか3歳で家督を継いだ従姉も、当然長じて婿養子をとり、たった1回のお見合いで結婚した。恋愛経験もなかった。

「私が働いても植木屋さんの払いにも足らない」とぼやきながら、五葉の松をもんでいた。

古い家を守り、最後に家に押しつぶされて亡くなった。

最期の従姉についたニックネームが「やもり（家守）のみっちゃん」。合掌。

2024年

あれから30年

柳川理恵（堺市・70代）

令和6年（2024）1月元旦は能登半島地震で始まった。

13年前の東北地震の時は、当施設（有料老人ホーム）のプールでさざ波が起き、テレビに映し出される映像で津波の恐怖におののいた。施設の入居者さんたちから「すぐ寄付集め！」と指示があり、共同募金へ。

私はやはり、30年前の阪神・淡路大震災を思い出す。

平成7年（1995）1月17日、震災で亡くなった尼崎の叔母と従姉の通夜に行くため、姫路で弁当を買い占め午後3時に出発。料金所に誰もいない高速道路を走り、午後8時に三宮到着。その先、東行きは通行止めのため通夜の参列は諦め、次兄のいる特別養護老人ホームの長田ケアホームへ。施設長の兄は停電の暗闇の中で大活躍、焼け出された近所の人が押し寄せている。

「おお、弁当持ってきたか！」

兄はすぐに、私と同行している夫と弁当を食べだした。兄の無事を確認して帰路に。

翌18日は葬儀。三宮から北へ進み六甲有料道路を走行。行き交う車と互いに安全な道を確認しながら、西宮で降りて尼崎へ。全壊した家のお向かいの玄関先を借りて、簡単な葬儀が行われた。最期のお別れ。棺《ひつぎ》の中の従姉は全身包帯姿。誰なのかもわからない。

その時、「私が洗いました」と葬祭場のおっちゃん号泣。その姿に、さぞかし大きな傷があったのだろうと震災の痛ましさを実感した。

◇　◇

ウィメンズネットは「女性のための電話相談」を立ち上げた。

私は資料片手に電話を受け「離婚したいけれども……」、日本語は最後まで聞かなければ分からない。じっくり聞いて、とりあえず情報提供。離婚の相談が多く、ウィメンズネットでは『ニコニコ離婚講座』を開催した。盛況で遠方からの参加者も多かった。

私が地元で主催した『離婚講座』では、講師にカウンセラーと女性弁護士、必ず離婚経験者の話を入れる。子どもの親権を取るためには、裁判所は現状主義、婚家に子どもを置いてきてしまった人には、何とか連れ出すようにと助言。女性にはアパートも貸してくれないので、夫の名前を使って脱出先を確保する。そして、電化製品を揃《そろ》える。仕事を探す。

他人様の相談に無責任に答えてはいけないと、勉強しなおそうと福祉大学に入学。社会福祉士と精神保健福祉士の資格を取り、50歳にして初めて正職員として就職。これで自分も離婚可能か?!（このころから、ウィメンズに関わることが少なくなった）

2006年、実家の母より「助けて」と声がかかり、私は大阪府堺市の養護老人ホーム福生園へ単身赴任（転職）。亡き父が1952年に戦災孤老を実家に引き取り設立した、貧しい方のためのホームだ。家族（夫や息子娘）に家を追い出された高齢者を緊急保護することも。無年金の方は無料、収入により自己負担金発生。不足分は借置費で。

さて、あれから30年。これまで何人に離婚届用紙を配ったことか……。

私はまだ離婚していない。

第2章　震災下の妊婦・こどもたち

1995年

乳幼児を持つお母さんの悩み

伊丹ルリ子（神戸市・40代）

震災直後、幼児を遊ばせるのに困った。子どもが公園にいないのだ。解体工事で空気が汚れ、子どもを外へ出せない。乳児には合うマスクがない。家の中に親子ずっと一緒にいるので、親も子もストレスがたまる。休みの日でも行く所もない。周りに子どもが少なくなったなど、子育ての悩みを訴える人が多い。

また、親戚宅に避難しているが、元の壊れた家に戻るのが不安だと言う人もある。周囲は焼けて何もない所で、どんな生活になるのか。

若いお母さんは子育てや家事にまだ慣れておらず、地震直後はとても生活が苦しかった。家の中はガラスが散乱し、子どもには危険だった。そのため、とにかく食べ物のある避難所へ子連れで行ったほうがましだという人もいた。

古い街では、潰《つぶ》れなかった銭湯が営業を始めた。震災後一週間以上経って我慢できず、母親は幼児を連れ、昼間に二時間並んでお風呂に入った。１月の寒い時だった。

お父さんは何をしてくれたかというと、自宅に居た場合は、ほとんどが、家の片付けか水汲《みずく》みだった。

夫は仕事に行ってしまい、余震の続くなか、母親一人で子どもを守らなければならない重圧感と不安でパニックになった人もいる。6カ月経っても、不安が治らない母親がいる。いや、周囲が落ち着いてきた今になって、なぜか地震を思い出し不安になる母親がいる。

子育てはいつの世も母親を悩ませるが、地震がさらに母親の不安をかき立てた。そんな事情で、今、神戸には不安定な母親が多い。

母親たちに欲しかった育児支援～増えた幼児虐待

また、震災後、幼児虐待の相談が増加した。大阪の子どもの虐待ホットラインの報告によると、震災後2週間ぐらいから少しずつ増え、3月末までに21件の相談が寄せられたとのこと。

また、神戸の民間の相談室には、何と6月末までに104件の相談があったそうだ。いずれも避難先での生活に慣れないことや、ライフラインの断たれた生活からの過労、夫が仕事で超多忙のため不在で、母親一人に育児や家事の責任が課せられることの精神的ストレスが原因とされている。これからは、大きな災害時に、父親の協力はもちろんだが乳幼児を抱えたお母さんへのヘルパーの派遣なども考えていくべきではないかと思われる。

そんななか、震災時、妊婦さんはどのように行動したのだろうか。

兵庫区、長田区を中心に、妊婦さんにインタビューした。

妊婦さんの不安

地震直後は親戚、避難所などに避難した人が多かったようです。一部壊れた家やマンションで生活する人は、水汲みや後片付けなど、子どもを抱えて苦労しています。

妊婦なのにと、びっくりするようなことがありました。

Aさん：マンションの5階まで、両手にバケツで水を運んだ（妊娠7カ月）。

Bさん：実家が気になり、地震の直後に兵庫から須磨まで歩いて行った（妊娠3カ月）。

Cさん：夫が仕事に行っている間にも余震があり、一人ではとても不安で誰かと一緒にいたかった。

Dさん：夫が帰らないのでパニックになり、自分がわからなくなった。

Eさん：妊婦で看護婦として勤務していた。地震当日、血まみれの患者さんの手当てをたくさんした。その時は仕事だと思っていたが、産前休暇に入ってしばらく経つと、毎晩のようにその時の夢を見てつらい。

Fさん：家を出て街の景色を見ると、とても不安になるが、病院の先生（産婦人科）と話をすると安心できる。しかし2～3週間経つと、また不安になる。

Gさん：授乳中に余震があった。それ以来、解体工事で揺れるたびに、ドキドキする。

Hさん：インスタントラーメンばかり食べていたので、おなかの赤ちゃんが心配。

Iさん：粉ミルクが手に入らないため、母乳を復活させた。

若いお母さんは調理ができず、インスタント物とパンの毎日が多かったようです。水汲みも子連れでは無理で、夜中に水道局まで車で取りに行った人もいましたが、水汲みだけは夫がしてくれたという妊婦さんが多かったようです。

保育園は1カ月～2カ月ほど休みで、自分で子どもの世話をした人が多く、夫が仕事を休めない場合は、震災後の子どもとのかかわりも考えておかなければならない問題です。

妊婦さんの誰もがお腹の中の赤ちゃんが大丈夫かどうか心配しています。一時的な地震のショックよりも、その後ずっと続く生活上のストレスや、不安が大変心配です。

被災直後は、保健所も救援で混乱しています。母親教室が再開されたのは6月（震災後5カ月）からです。「妊娠6カ月にならないと母子手帳がもらえないから」という妊婦さんもいて、情報が何もなく、出産に不安を持っていました。産婦人科が母親教室をしている所もありました。

地震直後、紙オムツ、粉ミルクなどが不足しました。避難所にはアレルギー用ミルクがなくて、直接保健所に電話した方がいましたが、1～2日で保健所に届いたようです。

保健所では、妊婦さんは困った時には相談して欲しいと話していました。

もっと早い時期に正確な情報があれば、妊婦さんの不安も少しはましだったかもしれません。欲しい情報としては、育児用品の入手方法、妊婦さん相談コーナー、地震、大気汚染、食べ物などによる赤ちゃんへの影響、壊れた家の再建方法などがありました。

妊婦Aさんの体験より

切迫流産の危険があり、仕事を辞めて入院していましたが、子どもが小さいので1月17日に大病院に替わる予定でした。しかし当日の朝、神戸は地震に見舞われたのです。地震のショックで、陣痛が起こり、翌18日午後に家を出発して、病院に向かいました。ふだんなら30分で行けるのに6時間もかかりました。その日は病院の食事はなく、お腹がすきました。

しかし、ストレスが強すぎたためか、子どもがなかなか生まれません。出血が起こり、破水しても、看護婦さんは忙しそうで、私は放ったらかされたままでした。そして、地震から4日目の夜7時、もう我慢《がまん》ができず、食事を下げに来た看護婦さんを捕《つか》まえて、分娩室《ぶんべんしつ》へ連れて行ってもらいました。そこには先生だけがいて、分娩台に上がるとすぐに生まれました。

私が、退院した後も、赤ちゃんは保育器に入れられ、生後26日目まで病院にいました。交通の不便な中、病院と自宅との間を通うのは大変でした。夫は仕事に行ったまま帰らず、産後一人で心身ともに疲れ果て、パニック状態でした。

地震当時、病院は自家発電が止まり、赤ちゃんは湯たんぽをしていました。この病院は水が出るため、ほかからの患者さんが救急車で運び込まれてきました。

産後、血まみれのまま運ばれて来る人、赤ちゃんは別の所へ運ばれ、お母さんだけ来るケース、人工肛門の必要な赤ちゃんもいました。

余震が続いて病院の3階は大きく揺れ、そのたびにお母さんたちは全員立ち上がります。夜になるとみんな泣いていました。

また、粉ミルクや、紙オムツが不足していて、売店に並びました。その時ボランティアの人がくれたチョコレートのおいしかったことが、今でも記憶に残っています。

妊婦Bさんの体験より

私は神戸旧市街地の病院に、切迫流産の危険があるので点滴を受けて、入院していました。予定より少し早く退院して家に帰りましたが、その翌々日、地震に遭ったのです。病院は、建物自体は新しいため、ひびが入った程度でした。しかし、看護婦さんが水を汲み、電話は通じず、5日間連絡が取れない人もいたようです。私の家は郊外にあって新築、水も電気も大丈夫でした。

しかし地震のショックと余震で、一人ではいられませんでした。赤ちゃんはまだ胎動がない時期なので、生きているのか死んでいるのかわからず、不安でパニックになりました。少し離れたところに、妹が住んでいるので、夫を残して、6日間泊まりに行きました。

それまで診てもらっていた病院は交通手段がなく、行くことができません。そこで、妹の近所の病院の先生に診ていただき、ようやく赤ちゃんの無事を確認しました。

でも前の病院に行きたくて仕方がありませんでした。1カ月以上経って、ようやく病院に行くことができて、やっと落ち着きました。

2024年

安心できる食べ物を子どもたちと共に育みたい

伊丹ルリ子（神戸市・70代、有機農家）

私は子どもの頃、気管支喘息で苦しみ、体質改善の注射を受けていましたが、アレルギーマーチが進行していきました。大学を卒業して薬剤師になりましたが、鼻炎で苦しんでいました。

小児科の薬局で働いている時は、子どもたちに「忘れないでお薬はきっちり飲んでください」と言って渡していました。小児科の待合室はアレルギーの子どもたちで、いつもいっぱいで、何とかしなければ子どもたちに申し訳ないと思っていました。子どもたちのアレルギーをお薬で治そうとしましたが、今考えるととんでもない間違いでした。

震災をきっかけに薬剤師を辞めて農業に転職しました。アレルギーが薬で治らないので、「食べ物」のせいだと思ったからです。そして、自分で作った有機野菜を食べて、鼻炎や湿疹を治しました。現在70歳ですが、アレルギーは治り、快適な農的暮らしに入りました。

私は自分の田畑に、生き物の居場所として草むらと池を作っています。カエルやクモ、トンボなどが多くなりました。バッタが多くなると小さなクモが巣を作り、自分より大きなバッタを瞬時にクモの糸でぐるぐる巻きにして動けなくします。クモの巣は田畑の作物全面に張り巡らされ、朝露にキラキラ美しく輝きます。田んぼの稲の根元にも、クモの糸が全体に張られていました。

今年は赤ちゃんカエルがたくさんいます。小さな口で飛んできた虫をパクリ。害虫を食べてくれるクモやカエル、トンボ、カマキリなどの益虫を増やすと農薬はいりません。

人間は、目に見える害虫に殺虫剤をまきますが、益虫も殺してしまうことに気がつきません。農業を持続可能にするには、生態系を守り、農薬を使わないことが必要です。

子どもの健全な成長のためには、生産消費者として、子どもと一緒に作物を作って食べるのが理想的です。子どもは、体力や運動能力もアップし、生き物を大切にする心も育ちます。

すでに心ある若者たちで構成された大小いくつかの団体が、一般の人も自然栽培の畑や田んぼができるように取り組まれています。だれでも農的生活を楽しめる時代になってきたと思います。

農村でカエルと話し、有機野菜を作って食べる健全な生活になります。食費も助かり、災害時に食料が有るのも安心です。命を大切にする女性と子どもが農業をすると、良い作物をつくり↓良い人を育て↓良い社会をつくっていくことでしょう。

そして人類は、持続可能な幸福を手に入れることが出来ると思いませんか。


【参考文献】

つる理恵子・谷口吉光『有機給食　スタートブック：考え方・全国の事例・Q＆A』農山漁村文化協会、2023年

1995年

子どもたちに心を解きほぐす人形劇を

天野光子（西宮市・50代）

震災から間もない2月11日、宝塚市で人形劇団「クラルテ」の人形劇が上演されました。おやこ劇場の鑑賞例会として予定されていたものを、会員以外の被災地の子どもたちにも開放して実施されたものでした。舞台からの「地震どうだった?」の呼びかけに「怖かった」「寒かった」「泣いた」と子どもの声がたくさん返ってきました。500人の親子が一時間余りの公演の間、舞台に集中。会場は大きな歓声と笑い声でいっぱいでした。「こんなに笑ったのは地震以来初めて」というお母さんの声もありました。子どもたちが心豊かに育っていく上で、さまざまな生活体験と共に、生の舞台（演劇・音楽・伝統芸能など）に触れることは大きな意味を持つという思いから、私たちは舞台鑑賞の場を作ってきました。

しかし、今回の地震はその大前提である「生きること」「生活すること」さえ困難な状況を作り出してしまいました。事実、しばらくは余震におびえながら、生活を立て直すのに精いっぱいの日々でした。そして、不自由ながらも現実を認めて、今私たちにできることは何かを考え始めたころ、劇団や音楽団体の方から「自分たちにできることで力になりたい」とボランティア公演の申し入れがあったのです。そのご好意を多くの子どもたちに届けようと、私たちは避難所になっている学校、保育所、集会所、公園などで上演の場を作りました。そして2月半ばから4月初めまで、約70ステージをこなしました。共通して見られるのは子どもたちの異常なまでのノリの良さ。心身を解放できる機会を待ち望んでいたのでしょう。そのようすに周りの大人たちも元気が出たようでした。

県内全域にわたり、お祭りなどの催しは被災者の気持ちを考慮して自粛ムード。確かに厳しさや不安を心の中に抱える現実はあるのですが、逆にこんな時だからこそ、硬くなった心を解きほぐす時間と空間が必要なのだと、この2カ月足らずの活動を通じて実感しました。私たちにできる復興は、そういう場を作ってきた日常活動を一日も早く再開すること。

その日が来るのは間もなくです。

2024年

孫と開く家庭文庫

天野光子（西宮市・80代）

30年前に紹介した人形劇公演の様子は、おやこ劇場子ども劇場兵庫県協議会（当時）を受け皿として行われた、被災地の子どもたち支援ボランティア公演の一環でした。復興の妨げにならないよう車は避けて、装置はできるだけコンパクトにし、それでも大荷物を背負い汗だくで現地入りする劇団の人たちの姿を思い出します。

30年前というと私は50代に入ったばかり、初めての大災害体験でしたが一通り家の中が片付くと、特技も特別の知識もない私でもできることはあるはずと、声がかかると動いていました。体力も気力もピークだったのでしょうか。でもその時期に経験したことは今の私の中に生きています、人とのつながりは特に。

そして現在の私は……

子育てのころから開いていた家庭文庫（どんぐり文庫）を孫と2人（時々、助っ人あり）で続けています。時々は20冊くらいの絵本を持って、子育て広場へ出張文庫にも出かけます。小さいころから文庫大好きだった孫は、小学生たちの本選びのアドバイスを、私は幼児たちの3人目（?）のおばあちゃん役のよう、「もっかい　もっかい！」の読み聞かせリクエストに目じりを下げています。

震災後もしばらく休止状態だった文庫を〈読書自由空間〉として再開したのは、NPO立ち上げで知り合った夫と関西学院大学の学生さんたち。文庫スタッフを経験して卒業していった人の中には、今でも読書会に参加してくれたり、近くまで来たからとひょっこり訪ねてくれたり。やはりこの30年は震災と無関係ではない年月でした。

第3章　人権——女性・高齢者・障害者・外国人

1995年

豊かさは誰のためだったのか？

正井禮子（神戸市・40代、ウィメンズネット・こうべ）

神戸市は長年にわたって経済優先の開発行政を続けてきた。「神戸市株式会社」として、その都市経営は全国的にも有名であった。しかし、今度の震災でそのような街づくりが私たち市民の暮らしや命を守るものではなかったことが明らかになった。

神戸市の目指した豊かさや発展は一体誰のためのものだったのか。

今度の震災は行政災害とも言われている。例えば、文化住宅と呼ばれる木造賃貸アパートはその大半が全壊した。高齢者や障害者、母子家庭、いわゆる弱者と呼ばれる人たちの多くが、そのような劣悪な住宅に住んでいて被災した。住宅にもう少し公的な支援がなされていたなら、これほど多くの人が死ななくても済んだのではないか。

150万都市に市のヘルパーはわずか65人。2000人のボランティアヘルパーは震災ではほとんど動けなかった。ショートステイの施設も老人ホームの数も、全国でほとんど最低のレベルしかない。震災後600人以上の人が亡くなり、現在も仮設住宅での死者のニュースが後を絶たない。

せっかく助かった命がむざむざ失われているのだ。

雨漏りのする半壊の住宅にそのまま住み続けているお年寄りも多い。家を修理する資金が借りられない人たちである。体の具合が悪くなっても、ここにいるしかないと言う。市民が一番困っている時に援助の手を差し伸べない行政とは誰のためのものか。

震災前、私たちは女性センター設立のための陳情を行い、議会の傍聴を続けた。そこで目にしたのは男ばっかり、真っ黒けの議会であった。神戸の市議会議員72人中、女性はたった6人だった（今は8人）。委員会にいたってはゼロか1人しかいない。答える行政側も真っ黒け。

しかし、市民の半分は女性である。街づくりにもっと女性の声、女性の視点が生かされるべきである。これからは経済優先ではなく、そこに住む市民が本当の豊かさを享受できる社会をつくっていくべきである。

女性の目には見えるが男性の目には見えにくい問題が暮らしの中にはたくさんある。

高齢者の介護の問題は大きな女性問題でもある。

女性が生き生きと暮らせる社会は、子どもや高齢者やハンディキャップのある人たちも安心して暮らせる社会なのである。

1995年

地震があってもなくっても「女三界に家なし」

阿住洋子（明石市・40代）

被災後、何のあてもないまま、秋に広島に転居した。10月現在、まだ失業中である。もし地震がなかったら、今ごろどうしていただろうかと、ふと考える時がある。

1995年1月17日は、職場の棚卸しで職員は全員9時集合の予定になっていた。地震がもし、この時刻に起きていたら、間違いなく私は死んでいるか、大ケガをしていただろう。職場は一番死者の多かった東灘区にあり、本部は焼失。自宅（明石市）は目の前が海で、手を伸ばせば届くほどの近さに淡路島（震源地）がありながら、断層の走る方向がそれたおかげで奇跡的に一部破損で済んだ。水も電気もガスも比較的早く復旧し、私が娘や親類宅を転々としたのは、ほんのしばらくの間だった。

それでも交通が遮断《しゃだん》され通勤できなかった2カ月の間にさまざまなことを考え、心は揺れ続けた。地震直後はハイ状態、その次は電話で話していても涙が流れるような日々があり、その後は落ち込んで神戸へはどうしても足が向かなかった。大阪へ行く用のある時は、車窓から焼け野原を見るのがつらく、神戸が近づくと目をつむってうつむいて耐えた。

しかしある時、何時間もガレキの下に埋もれて死と隣り合わせだった人から、「不思議と安らかな気持ちだった。死は怖くなかった。亡くなった人たちもそんな気持ちだったのではと思いたい」という言葉を聞いてとても慰められ、ふっと心が軽くなるのを感じた。

大した被害もなかった自分に一体何を書く権利があるのかと何度も手を止めかけたが、逆に励まされ、書く勇気をもらった気がする。

これだけはどうしても書いておきたかったこと―それは地震がなくても、女には仕事も家も初めからなかったではないか、ということ。

1970年に私が大学を出た当時、女は公務員か教師になる以外ほとんど就職口はなかった。容姿端麗《たんれい》、自宅通勤というような条件が堂々と求人票に書かれていた時代だった。現在のようにシングル用のワンルームマンションなどなかったころ、一人暮らしの女が借りられるアパートは少なかった。たまにあっても安月給では払えない額だったりした。だから私の新生活は風呂なし、共同トイレの一間暮らしからスタートした。

今までの転居は15回を超える、平均すると3年に2度くらい替わっている。ほとんどの形態の家には住んできたので「一人暮らしと住宅」については、いくらでも話ができる。

女性の単身者は50歳にならないと公営住宅に入れないし、家賃の払えそうな公団住宅は競争率が高くて当たらない。結婚するか、一緒に暮らす肉親がいない限り、公営住宅の申し込みすらできないという状況は、25年前も今もほとんど変わっていない。

今回の震災では、古い文化住宅に住む高齢の女性がたくさん死んでいった。しかし、地震がなくったって、誰にも知られずたくさんの女たちがひどい住環境の中で苦しみ、病み、ひっそりと死んでいる。

「女三界に家なし」のことわざは今も生きているのだ。被災しても家さえあれば、食べることも着ることも何とかなる。食料や衣類の寄付、ボランティアの助けが全国からあったとしても、住む所がなければどうにもならない。衣食住と言うけれど、「住」が一番の基本だということを痛感した。まるで強制収容所のような避難所や仮設住宅で、人は永遠に暮らすわけにはいかない。

仕事のこともしかり。子どもがネックになったり、年齢制限があったりで、たとえ何かの資格を持っていても、女性が正職員になるのは難しい。離婚後、長年パートのおばさんとして働くしかなかった私にとって、地震があってもなくても何も変わりはない。今までだって職安を通して仕事が見つかったためしは一度もなかったのだから。

被災したことで、行政も人も少しは同情とやさしさをくれる。

でも、私がいま本当に心から欲しいと願っているのは、地震があってもなくても安心して暮らせる住宅、そして、その家賃を払っても十分食べて楽しく働ける仕事、女も男も真に人間らしい光にあふれたそんな世界の実現である。

三界に家なくエレベーター閉まる

2024年

住まいこそいのちの土台

阿住洋子（神戸市・70代）

震災当時の私の住まいは、淡路島が目の前に眺められる2DKの中古マンション。身内にローンを組んでもらい、その身内に家賃を払っていた3年が経ち、ようやく落ち着いたところで被災した。

建物は幸い一部損壊で済んだが、修理代が一律一軒50万円！の負担が決定。職場も被災して休業中だった私には、到底出せる余裕は無かった。身内も家と商店が全壊。身内は家族全員が仮設住宅暮らしの中、「家賃はいらない」と言ってくれたが、思い切ってマンションを手放した。

その後広島に移住。家探しより保証人探しが大変だった。誰一人知り合いの無い私に、関東の知人が友人を紹介してくれた。広島では職業訓練校に通い、その後アルバイトをしたりしながら1年住んで、親しい友人も出来た頃、関西の女性活動仲間の先輩が、仕事先を紹介してくれて、おかげさまで大阪に戻れた。いざという時の「シスターフッド」(註1)の絆に今も心から感謝している。

この大阪での家探しも大変だった。友人の夫が公務員で、保証人になってくれてやっと借りれ

（註1）男性優位の社会を変えるため、階級や人種、性的指向を超えて女性同士が連帯すること。1960～70年代にかけてよく使われた言葉。

た2Kの古い木造アパートは、壁越しに音が筒抜けで苦労した。

ここに4年住んだ後、伊豆に引っ越して10年暮らした。（この経緯については省略）永住するつもりだったが、東日本大震災の一年前に、山崩れの危険を感じて直観で関西に戻ることを決めた。この時は、友人が「UR」の存在を教えてくれて助かった。まだパソコンやネットがそんなに普及してなかった頃で、家探しも、実際に不動産屋に足を運ぶしか無かった時代だった。そうして京都府K市のURに住んで7年ぐらい経つ間に、離れて住んでいた一人娘が亡くなり、その墓参などもあって、震災前の住居に近い神戸市のURに転居。とりあえず急いで決めたため、家賃が高く、すぐ近くの市営住宅を申し込み、幸いにも抽選に当たって転居。この夏で丸3年になる。明石で被災して以来転々として、これが6回目の住み替え。

コロナの影響で仕事の収入が減り、減額申請をして正規家賃の半額となった。けれども月6万ほどの年金の中から払うには厳しく、幸い今も何とか仕事があるので有難いけれど、もし仕事を止めれば食べていくのもギリギリ。なぜそんなに年金が少ないかと言えば、元々のパートの給料（当時の時給525円）が安かったことと、震災後は国民年金の掛け金が払えず、長年未払い（届けは出していた）だったため、受け取り額も少ないのだ。もし震災が無ければ、ローンもすでに払い終えて？ 家賃も要らず、悠々自適⁉ だっただろうか？

全国には古い空き家が無数にあり、行政も対応に苦労していると聞く。そのような空き家と高齢一人暮らし女性の住まいの課題とをうまくドッキングさせた、心穏やかに住める「終いの

棲家」（シニアウィメンズハウス）の実現までぜひ長生きしたい♪

孤独死を、たとえ「在宅ひとり死」と言い換えたとしても、現状では借家でのそのような「死」を民間の家主は避けたがるだろう。

住まいに関しては、30年経っても状況が良くなっているとは決して言い難い。物価高や円安で、庶民の生活はむしろ以前より厳しくなっている気がする。

もし何か少しでも変化したことがあるとしたら、自然災害の多発により、このような「住」の課題の重要性に気づき、真剣な関心を持って意識を向ける人たちが増えて来ていることだろうか。それがせめてもの慰めだ。

いったい何度同じことが起これば、国（政府）も自治体（行政）も本気で動き出すのだろうか。被災してからでは遅い。そして人は誰もがいつかは高齢となり、必ず「死」を迎える時が来るのだから……。

さあ「六甲ウィメンズハウス」の次は、「シニアウィメンズハウス」の実現だ！

次の30年こそ、みんなで共に堅固な「いのちの土台」を築き上げたい。

1995年

母子家庭に安住の地はないのか！

K・N（神戸市・40代）

11年前、母子寮への入居を断られた私は、10歳の息子を連れて民間の賃貸住宅を必死で探しまわっていた。福祉事務所の人は、夫に殴られてアオタンでも残っていないと入居は無理だと言った。過去に殴られたことがあったので、殴られないための策は練っていたが、もうノイローゼ寸前だった。が、事務所の人（男！）は非情にも「そんな知恵が働く人は余計だめだ」と言った。

何軒もの不動産屋からは「母子家庭」は大家が嫌うからと、物件の紹介すらしてもらえず、やっと契約にまでこぎつけた不動産屋に、卑屈なくらい礼を言ったという再出発の惨めな思い出がある。この震災で住む場所をなくした被災者のうち、母子家庭は、優先的に仮設住宅に入れることになってはいるが、いずれは出ていかなければならない。

これだけ住宅が不足していれば、母子家庭ははじき出されることにならないか。もともと「離婚した女」に優しい社会ではないからと心配していたところ、一人暮らしの友人から「離婚してなくたって、女には部屋はなかなか貸してくれないのよ」と私の不勉強を指摘されてしまった。

「女だから」と軽く見たのが、不動産屋の対応のひどさの理由かどうかよくわからないが、もしそうだとすれば借りた後も女は安心できない。いずれにしても男（父か夫……子どもは男でもだめ）がついている女以外は、住居を確保し維持していくことすら難しい社会ということか！

1995年

大震災と障害者

車イスマップを作る会（神戸市・40代）

そろそろ眠ろうとしていた時だった。その瞬間、体が沈み、反動で空へ飛んだような気がした。すごい揺れと共に、すべての家具の位置が違っているのに気付いたのは、夜が明けてからだった。空は薄暗く、住民は何が起きたのかわからなかったのか騒ぎもしていなかった。炎が次々と広がる中、サイレンの音すらしない、その静けさが余計に不気味さを増した。

3カ月が経とうとしている現在もまだ信じられないでいる。当時は、ドアが開かず、エレベーターはストップ。3階に住む私に1階まで降りることは至難のわざに等しかった。水道、ガス、電気のすべてのライフラインが途絶えた。もう死ぬかもしれないという恐怖の中で、なぜ重度障害者の私が車イス用住宅ではなく、3階にいるんだという思いにかられた。

1年もかけて「車イスマップを作る会」で「公営住宅には1階に車イス用住宅を増設せよ」と、街づくりの一環として要望書を提出して交渉し、「実態調査を怠るな。書類審査だけでなく、困窮度を優先せよ」と言い続けてきたそんな矢先の出来事だ。同会のYさんは、市営住宅の10階にいたため、車イスでは下へ降りられず、餓死寸前で救出された。

新聞にデカデカと掲載されてはいたが、言うなればこれは珍しくも何ともなく、氷山の一角に過ぎない。

神戸市が住民のために金をかけずに山を削り、木を倒し、海を埋め立て、自然破壊にめいっぱい金をかけ、観光客からの金目当てに力を注いできたからだ。何がリゾートだ。何がトレンディーだ。福祉の街・神戸とは名ばかりだ。

私たちが調べてみると福祉と言われることでは、この街は全国で下から3番目だそうではないか。弱者と呼ばれるすべての皆さま。「福祉」と騒いでいることにごまかされてはいけない。私たちは、誰にでもやさしい街づくりをと日々、仲間やボランティアと共に訴え続けている。

ところで、私が命拾いしたのは、連れ合いがそばにいてくれたので移動できたからだ。神戸を離れ、1週間ぐらい経ってから帰ってみると、ドアに張り紙がいっぱいあった。張り紙には、「無事なら連絡してください」とあった。私は地震によって、人の心の温かさに（私の障害者としての存在を認めてくれたことに）涙した。

人間も捨てたもんではない、と教わると同時に、障害者運動を続けていて本当によかったと思えてならない。

次頁は、5月の時点で、これだけは最低限必要なことを行政に要望したものである。

要望書

神戸市育成課　　　御中
神戸市障害相談課
県福祉企画室

1995年5月
神戸（長田）車イスマップを作る会
代　表　[illegible]

貴職におかれましては、この度の阪神大震災における、被災障害者に対しましてさまざまなご配慮を賜りまして誠にありがとうございます。

さて、当会が発足いたしまして早、2年の歳月が経ちました。長田区を中心に他区へと多くの障害者やボランティアと共に調査をしてまいり、車イスガイドマップ（新長田駅周辺版）を作成し、県・市の公共施設等が、資料として利用されました。

しかし、この度の阪神大震災で兵庫県内では、多くの建築物が損傷し、今後、新たに復興に向けた建築物が建てられると思われます。残念ながら今までの神戸市は、障害者や高齢者に住みやすい街ではありませんでした。誰にでも利用しやすい施設になるよう下記の事項を強く要望したく存じます。

同時に、復興に向かって市民一人ひとりの人権を尊重した福祉のまちづくりが求められております。この機会に真の障害者・高齢者の人権を考えつつ福祉最優先の神戸市にしていただきたいと思います。

—要望事項—

設備に関して

①鉄道について
- エレベーターとスロープの設置
- 車イス用トイレの設置
- ホームと車両の段差、すき間の解消

②バスについて
鉄道の不通区間で代替バスが運行されていますが、リフト付きバスでないため車イス利用者は使えません。このような現状を反省し、誰でも利用できるリフト付きバスを導入するよう指導して下さい。

③民間のビルの建築物について
- 車イスで移動できる通路幅の確保

④公共施設について
学校などは、今回の震災で避難所になりましたが、エレベーターやスロープがないため実際には、障害者などの避難所にはなりえませんでした。この結果を反省し、今後建設する全ての公共施設には下記の設備をして下さい。
- エレベーターまたはスロープの設置
- 車イス用トイレの設置
- 通路幅の確保
- 点字ブロックの色を統一する（弱視者の場合）
- 盲人用出入口の誘導チャイムの設置

今後まちづくりに関して検討する場合、必ず障害者当事者の意見を聞く場を設け、まちづくりに関する検討委員会などに必ず障害者当事者を委員に選出してください。

以上

1995年

障害者は後回し　救いの声に反応冷たく

坂元和美（伊丹市・40代）

「グラッ」ときた時、「ああ、このままでは逃げられない！」と、直感的に思いました。

私たち夫婦は、一人が切断した足に義足を付け、もう一人がまひした足に補装具を付けているからです。とっさのとき、裸足で飛び出す、ということができず、補装具を付けなければ、一歩も動けないのです。しかし、補装具は地震で飛ばされ、いつもの定位置にはなく、やっと身仕度を整えたのは、空が明るくなるころでした。

「みんな、怖いんやから」と自分自身をなぐさめるのに精いっぱいでした。我が身一つが自由にならない。あんなに悲しく悔しい思いをしたことは初めてでした。同じ障害を持つ友達のことが気にかかり、一刻も早く安否の確認をと、助けを求めて福祉関係者へ電話をかけましたが、「今、みんな大変だから」「怖いのはみんな同じです」とのこと。こんな時だからこそ、救いを求めている人に、目を向けてほしかったのに……。

障害者用設備の整った市福祉センターが、真っ先に開放され、障害者避難所として受け入れてくれればよかったのに。そうでなかったということは、何とも悲しい思いがしました。

これは私たちのような身体障害者だけの問題ではありません。「小学校の校庭に給水車が来ました」と放送する広報車のマイクの声が聞き取れない聴力に障害のある人たち。

住み慣れた我が家が、地震で一変してしまった視力に障害のある人たち。

下半身まひで車イスを使用している人のトイレの問題。

寝たきりの人を介護している家族の人たち。

赤ちゃんを抱えたお母さん。

重いポリタンクやブルーシートが運べないおばあちゃん。

自閉症の子どもを持つ家族。

持病がある人たち。

　これら「救いを求めている人たち」に、それぞれの立場にいる人たちが目を向けなかった。こんな時だけ、障害者も健常者も同じ―ノーマライゼーションとは、と皮肉の一つも言いたくなります。

　弱者救済とは、ほかが一段落したから、そろそろ取り掛かろうか……というものではないはずです。「弱い者が一番先に切り捨てられる」。そんな不安を覚えるのは私だけでしょうか。

　このような弱者に思いを馳せ、手を差し伸べることこそ、「本当のやさしさ」だと思います。

　今回の地震の教訓をふまえ、緊急時における対策を早急に講じていただきたい
安心こそ福祉です。

1995年

健常者が大変な時は、障害者は後回し？

東 芳子（神戸市・40代）

大震災の後、ずっと家でテレビを見ていた。体育館の避難者の中に障害者、車イスの人が一人もいない。どうしたのだろうかと、とても心配になった。

私には長田区の文化アパートで一人暮らしをしている友達がいる。寝る時は補装具を外して眠るので、あの時刻では逃げ出すこともできなかったんじゃないか……。

同じ長田区の市営住宅には、知人の車イスの夫婦が二人で住んでいる。二人とも車イスなので逃げ出せただろうか。もし無事だったとしても、避難所のトイレでは用を足せない。心配でたまらない。

2、3日後にやっと連絡が取れた。補装具の友達は、心配していたとおり補装具を外していたので歩くことができず、隣の人がおぶって近くの学校に連れていってくれたとのこと。でもやはり、避難所のトイレでは用を足せないので、そのたびに半壊のアパートに帰っていたという。

車イスの夫婦はトイレに行けないので、一日中水も飲まず、食べ物も取らなかったらしい。普通の状態でも、マヒした足は氷のように冷たいから毛布一枚では大変だ。地震の後、結局、誰も助けに来てくれないから、自力で障害者施設へ行ったとのこと。

「健常者が大変な時は、障害者は後回しということだ」という一言が忘れられない。

私にとって、泳ぐことはただの遊びじゃない

1月17日の大震災から一カ月過ぎたころから、股関節が痛み出した。使い過ぎの痛みではなく、その反対で使わなくなったために起こる痛みだ。普通の道では体重がかかるために長く歩けないので、この10年間週2回のペースでプールに通っている。プールの中ではいくら歩いても体重がかからないので、疲れない。それがこの震災でできなくなった。どこのプールも閉鎖している。いくらお風呂で温めてみても痛みが取れないし、筋力が衰えていくのがわかる。こんな時にと思うが、歩けなくなる怖さを考え、今まで行っていたプールに電話する。

「あのう、プールはいつごろ入れますか」

「今そんなこと言われても、この事態ですからプールなんか、いつになるかわかりません」

あーぁ、やっぱり電話するんじゃなかった。不謹慎だと思われてしまったようだ。自己嫌悪に陥る。

今まで一緒に行っていた4、5人の友達からも連絡がある。みんな同じように足の痛みを訴える。2週間ほど待ち、もう一度電話をした。すると、同じ答え。でも、今度は引き下がらないで、私たちにとってプールは遊びではないこと、一度衰えてしまった筋力は元に戻らないことなどを一生懸命訴えた。

すると、「本当ですね。大変ですね。でも今は無理です。ほかの一般のスイミングプールが開いているので、そこに行ってってください」という返事が返ってきた。

あーぁ、やっぱりわかってもらえなかった。階段のある一般のプールに行かれないから、こうして何回も電話しているのに。痛みがあるから電話しているのに。

私にとって、泳ぐことは遊びじゃない。自粛なんてできないんだ。

1995年

避難所へは行けなかった

「一緒に避難しよう」と声をかけてくださった近所の方もいました。有り難い言葉でしたが、多動という障害を持つ子がいては、とても避難する気にはなれませんでした。

避難所を見て、「ああ、ここは絶対にうちの子は連れて来られない。やっぱり、危険を承知の上で、私と子どもは家にいよう」と、つくづく感じました。

後日、「なかよし学級」のお母さんたちと雑談していたら、「私も、子どものことを考えて、避難できなかったわ」と言う人がいました。ああ、私と同じ気持ちなんだなと思ったものです。

〈阪神大震災の男女別犠牲者数〉

計5470人（1995年4月14日）

女3278人　男2192人

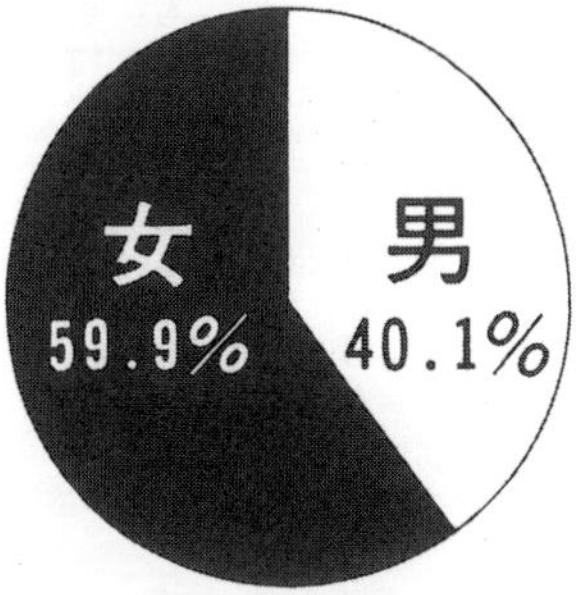

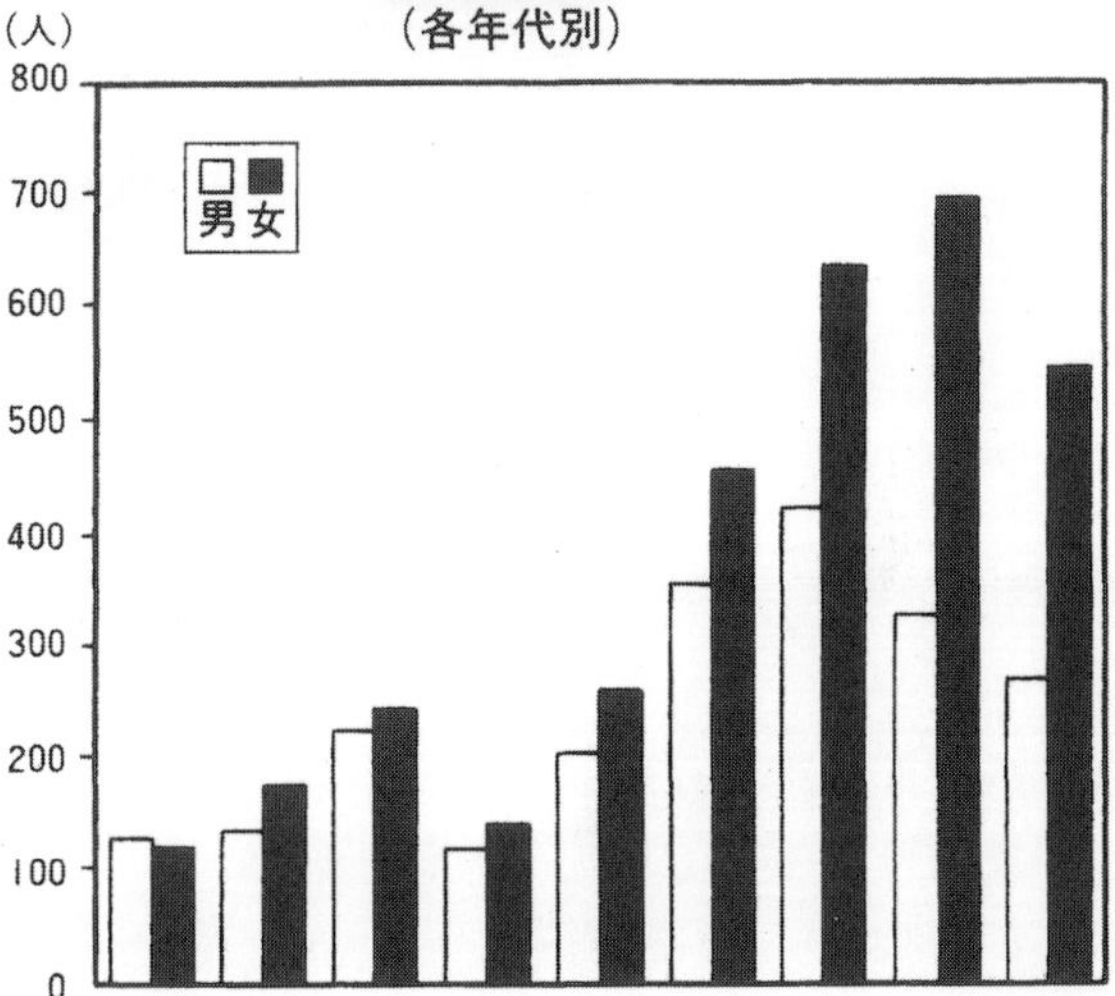

兵庫県立女性センター『男女共生のまちづくり』（1995年5月）より

女が老いる

西海ゆう子（川西市・40代、小学校教諭）

あの震災は老いることが
罪ででもあるかのような試練を与えたまま
あれから日ばかりを重ねていくが
老人が行く末をはかなんで自ら生命を断ったり
またいたわらなくてはならない
その老いた身を寒風にさらし
病み死んでいく
やがて厳寒は酷暑に変わっても
自殺も病死も震災ゆえの結果とするなら
それを防げなかったのは
私たち、子、孫の世代の汚点だと思う

そしてさらにつらいのは
何故
こうも老いた女ばかりが
その犠牲にならなければならなかったのか
四十余年生きた私は
八〇年も生きてきた女性を
ただそれだけでも素敵なことだと思う
女として生きることは随分しんどかったはず
生まれたころは第一次世界大戦
娘時代に泥沼の侵略戦争
その益がまわってくるはずもなく
被害だけをこうむり
戦争で夫を失った若妻もいたはず
敗戦後の混乱の中で子どもを育て
ようやく人心地ついても高度経済成長の恩恵を受けるに
年を取り過ぎそのまま老いてきた
幸せな老後であればそれでよい

私の想像力も働かない
彼女たちがそれを選んだのなら
けれど古い木造の文化住宅に押しつぶされて
さらに炎に焼かれて
そんな死を迎えることを彼女たちはのぞんでいたのだろうか

何故、老いた女ばかりがたくさんたくさん
こんな目に遭わなければならないのか
この世の不合理のすべてを
背負ったような死
彼女たちはもう一言も発せない
生きている時もそうだったが
その声なき声を後に続く女が聞かなくて
何としよう
やがて私たちも老いる
今
伝えなくては

阪神大震災の犠牲者のうち、半数は60歳以上だった。4月14日までに判明した死者のうち、年齢と性別がわかった5470人について分析したところ、今回の地震の被害はお年寄りに集中していることがわかった。5470人のうち男性は4割の2192人、女性は6割の3278人。年代別でみると60代が2割と最も多く、80代と70代、50代が1割を超えた。さらに、年代と男女別では、70代の女性が最も多い。続いて、60代の女性、80代の女性、50代の女性と、女性が上位を占めた。神戸市対策本部によると、この理由として次のことを挙げている。

①若い世代が市の周辺へ住むようになった。

②被災地は一人暮らしの高齢者が多かった。

③戦前や終戦直後に建てられた家屋が多かった。

ここに上げた数字は、今回の震災があぶり出した、日本の女性の置かれている立場そのものだと、私は考えている。

◇　◇

災害はより弱い者により厳しい

西海ゆう子（川西市・70代）

阪神・淡路大震災時、私はまだ40代で体力もあった。ガスが止まり不便な生活が続いたが、被災者はみんなそうで……振り返れば、常に女としての生き辛《づら》さを感じていた。

当時、男女同一賃金と言われた組織でも、例えば住宅手当は結婚すると男の世帯主にしか支給されなかった（女の世帯主はダメ）。また仕事上で「女の敵は女」と身をもって体験もした。

そんななか、阪神・淡路大震災後、兵庫県立女性センター『男女共生のまちづくり提言』（1995年5月発表）を見て大きなショックを受けた。死者は圧倒的に女性、それも高齢女性が多かった。災害は誰にでも平等に降りかかるのではなく、より弱いものにより厳しく、その理由が他《ほか》ならぬ女性差別—女の貧困だとはっきりと理解した。

（『男女共生のまちづくり提言』https://web.pref.hyogo.lg.jp/kk41/documents/000042644.pdf）

東日本大震災時はリタイアしていたので、ボランティアとして東北被災地へ通った。かつての経験から、意識して女性たちと交流した。当初は必要な物資（毛布・衣類等）を地元で集めて現地に送った。

一段落してからは、東北被災地の中高年女性たちの作品、産物を関西にもってきて、ウィメンズネット・こうべの仲間と復興イベントで販売した。それがどれほど被災女性の役に立ったかは正直わからないが、たくさんの出会いがあった。

２０１３年2月、女性センター改め、兵庫県男女共同参画センターで「兵庫と東北つながった展」が開催された。被災地中高年女性に特化した支援がユニークと、私たちは県広報番組にも出演した。

あれから13年、現在は福島の障がい者事業所が作るボールペン、東北朝鮮学校応援絵はがき等をイベントで販売している。

福島のニュースは減ったが、いまだに県外避難は解消されず、元の生活を取り戻せたとは言えない現実……。

頻発《ひんぱつ》する災害にいつも思うことは「災害はより弱い者により厳しい」。

だから変わって欲しい、老いたからこそよりそう思う。

弱者を守らずして国は何を守れるというのか。

1995年

安心して老いることのできる街づくりを

中島れい（神戸市・60代）

この度の震災では、亡くなった5500人（4月12日現在）の過半数が60歳以上の高齢者でした。その多くは、子どもたちが巣立った後も30年、40年と住み慣れた「我が家」で暮らし続けた老夫婦、あるいは一人暮らしの人たちで、中には体の不自由な人もいました。

『文藝春秋』1995年4月号の記事「ある神戸市民の30日」の中に一つの記録があります。初老の夫はアルバイト先の新聞販売店で鉄骨の下敷きになり死亡、彼の住んでいたアパートの一帯は焼け野原となり、妻は白骨となって掘り出されました。アパートの家主は「声をかけたけれど返事がなかったので、てっきり避難したものと思っていた」と話しています。しかし、彼女は脳梗塞《のうこうそく》で倒れて以来、外に出られなかったそうです。アパートは壊れてはいなかったのに、生きながら焼かれてしまったのでした。

この痛ましい記事とは対照的なものとして、2月3日の朝日新聞夕刊に、真野地区（長田区）での対応が掲載されています。その一部を紹介します。

「……家屋の6割以上が全半壊する中で、本震直後の援助・消火活動から避難所づくり、道路の片付けまでをほとんど行政抜きでやってのけたという。……」

この地区の住民による自主的な街づくり運動は、昭和40年代の公害問題以来30年に及ぶ実績があります。たとえ一人暮らしのお年寄りでも、いつも誰かが声をかけてくれるので「自分はこの街で決して忘れられてはいないのだ」という、大きな安心感に支えられているのです。

NHK解説委員の村田幸子さんは、3月24日の「福祉はライフライン」と題したラジオ放送で、「平素に充実した福祉体制が整えられていてこそ、災害時の対応ができます。そのためには行政の責任もさることながら、すべての住民がもっともっと福祉に関心を持つべきです」と強調していました。

私は、地震の後しばらくの間、空しい気持ちをどうすることもできませんでした

これまでの在宅福祉は災害を全く想定せず、「家」があることを空気のあるように当然と考えていたからです。

これを機会に、こうした高齢者問題をもう一度、考え直さなければならないと思います。まず、行政には「安全な街づくり」を望み、私たち住民は誰もが「安心して老いることのできる街づくり」に取り組むべきだと考えています。わざわざボランティアの手をわずらわす前に……。

1995年

女たちの老後

柳川理恵（姫路市・４０代）

地震は古い家々を無残に壊し、高齢者を容赦なく襲った。子育てを終え、親を看取り、夫に先立たれた一人暮らしの女性たちの多くは、古い木造文化住宅などに住んでいた。

着の身着のまま裸足で避難所に逃げて、大寒の中、毛布1枚で寝る（暖房が入ったのは3月末）。冷たい床の上で、凍《い》て付いたおにぎりが配られた。病気にならないほうが不思議である。

風邪を引き、肺炎にかかる。冷えのために失禁しても恥ずかしくて人に言えずスカトロ状態（垂れ流しの状態）のまま。

こうして寝たきりになってしまう。亡くなられた人もいた。

神戸市に23ある特別養護老人ホーム（特養）の定員は合計１７２０人である。震災直前の１月１日当時、入所待機者を約１０００人と算定。２０００年までに、３８８０人分に倍増する計画を立てていた。震災後は、さらに需要増を見越して見直し作業を始めた。

２年前、神戸市がナースコールの付いた高齢者専用の市営住宅を38戸募集した時、１２００人以上の応募があった。

つまり震災前から、安価な公営老人用住宅や介護施設は大幅に不足していた。特養のベッドが空くのは、人が亡くなった時だ。１０００人以上の弱った人たちがそれを待っているとしたら、何と不気味な光景だろう。だが、それが国際都市、神戸の実態だった。

日本は、本当に世界一豊かな国なのだろうか。

震災犠牲者は５５００人以上、その半数は在宅の60歳以上のお年寄りである。さらに、そのほとんどが女性だった。

女性は、娘として妻として母として誰かの世話をし、最後に一人となる。

少ない年金の一人暮らし、地位もなく夫の遺産がなければ家もなく、地震が起これば真っ先に犠牲となる。

この重い事実は、残された私に女の生き方を考え直させた。

「家族愛」のようなきれいごとはもうたくさんだ。

家族がなくても、体が弱くても、みんな安心して生きていける社会を切望する。

被災者の情況は少しも変わっていない

山崎昌子（尼崎市・８０代）

「天災は忘れた頃にやってくる」という言葉はもう死語だとつくづく思います。１９９５年の阪神・淡路大震災の後２０１１年には東北大震災、そして、２０２４年は元日早々、能登半島の大地震。８月には日向灘で大地震が起きました。地震に加えて津波、洪水、と自然災害は次々襲ってきます。災害は高齢者、子ども、障がい者等々、社会的弱者により大きな苦難をもたらします。

特に女性に多大のしわ寄せが行くことは、私たちが１９９６年刊の『女たちが語る阪神・淡路大震災』で著わした通り。あれから被災者の情況は少しも変わっていないことは、『災害支援に女性の視点を！』（竹信三恵子、赤石千衣子編、岩波ブックレット、２０１２）に顕《あきら》かだと、文芸評論家の斎藤美奈子さんは紹介しています。（『ちくま』２０２４年7月号、ちくま書房）

さらに東北大震災では福島原発事故で大量の放射性物質が広範囲に広がり、放射能から家族を守るために、20万人という人たちが全国各地へ避難しました。

そして国と東電の責任を追及し、賠償を求めました。

私は「原発賠償ひょうご訴訟」の10年間に及ぶ裁判を傍聴し、原告尋問では避難者の声を直に聴きました。

「福島が嫌になって出てきたのではない。放射能被曝のリスクに最愛の我が子をさらしたくないから。ただそれだけです」

「それまで順風満帆だった生活が、悪い夢のように崩れていきました」

「原発事故さえなければ……」

と、彼女たちは訴えました。

対する東電・国側は、「なぜ帰らないのか。園・学校は再開しているではないか」「子どもの鼻血、下痢が被ばくと関係するという証拠はあるのか」などと、まるでわがままであるかのように攻め立てます。

「ご主人は福島で頑張っているのに」と、昔ながらの男の論理で女の思いをねじ伏せようとする法廷のやり取りでした。

勇気を出して、裁判という非日常で声を上げる人たちに対して、力を持つ側の冷酷さに、傍聴席で怒ることもしばしばでした。ひょうご訴訟は、神戸地裁では原告の敗訴になりましたが、納得できないと高裁での判断を求めて控訴されています。

阪神・淡路大震災から30年。

被災者の情況は少しも変わっていないと感じざるをえません。

1995年

行政は外国人に何をしたか？

もりきかずみ（神戸市・50代、アジア女性自立プロジェクト）

一、外国人の被災状況

今回の震災での外国人の死者は、兵庫県で174人（9カ国）に上り、国籍別では韓国・朝鮮が117人、中国が44人、以下、ブラジル8人、ミャンマー3人、米国2人、フィリピン2人、アルジェリア、オーストラリア、ペルー各1人（1995年4月14日兵庫県発表）と、かなりの犠牲者が出た。

地震の多い関東を避けて、わざわざ阪神間に住み着いた外国人も多いと聞くが、神戸には昔から韓国・朝鮮人を始めとして、中国人、インド人など定住外国人が大勢暮らしている。

特に、被害の大きかった長田区では、韓国・朝鮮人がケミカルシューズの工場を営んでいて、そこに最近はベトナムの難民の人たちが集まって来ていた。東灘区では、日系ブラジル人やペルー人が工場の近くに家族と住んでいた。

被災後、外国人たちはどうしたか。

家屋倒壊や火災により、あるいは余震の怖さから阪神地域から脱出した人、本国に帰国した人なども多い。当初は避難所に行った外国人もいるし、市役所で何日間も過ごしてやっと大阪に行った日本語学校の学生もいた。

日本語がわからない外国人たちは、情報不足や文化習慣の違いから、避難所に長期間いるのは苦痛がともなう。地震後、避難所を回ってみて外国人がいるかどうか聞くと、在日外国人（日本に定住している外国人）だけという返事だった。

あるブラジル人女性から在留資格（ビザ）の更新のことで相談を受けた。彼女は地震の恐怖で何もかも捨てて東京に逃げ、ビザが切れているのも知らなかったという。外国人と在留資格は切り離せない。

義援金や見舞金、被災によるケガの治療費や弔慰金に至るまで、この在留資格の有無が問われる。外国人登録をしていなければこうしたものが受け取れないのだ。超過滞在ということで入国管理局に出頭して帰国した人の数は158名と発表され、ほとんどの人が日本人と同じ様に家を失い、仕事をなくし、被災したのに、世界各国や日本中から届けられた義援金をもらっていない。

この状況を見て中山手教会のシスターやボランティアの人たち、大阪の在日朝鮮・韓国人が、日本赤十字社と交渉し、何とか義援金だけは在留資格の有無に関係なく何らかの居住証明があれば交付されることになった。

問題は、日本政府や県、市の行政が、超過滞在や短期滞在の外国人を「住民でない」という理由で、被災者の対象外としたことだ。「災害救助法」があるにもかかわらず、被災の治療費に健康保険を適用するということは、健康保険の加入資格を持たない外国人は、すべて自費で賄わなければならないということになる。

外国人の健康保険加入については、加入条件自体を見直す必要があると思うが、今回の行政の閉鎖性は災害時の外国人救援のあり方として批判されるべきものである。

二、外国人女性の状況

ちなみに、兵庫県で死亡、帰国、他府県への移転などで外国人登録を解除した外国人は722人になっている（4月25日現在）。

地震後の混乱の中、神戸ＹＭＣＡに相談の電話がかかってきた。日本人と結婚した、あるフィリピン人女性（Sさん）からで、地震後の心細さを訴える電話だった。

Sさんの夫は去年の暮れから失業中で、震災の影響でなかなか仕事もみつからない。出産を一カ月後に控えているが、妊娠がわかってから産婦人科の診察を一度しか受けていない。それに、出産する病院も決まっていないという。夫と夫の母親は、親戚の元に身を寄せたまま何日も帰らず、食べる物もわずかだということだった。相談を受けて、さっそく様子を見に行き、産婦人科に行くためのお金を渡してきた。そして、その後は私ともう一人のフィリピン人女性（Tさん）が動き、彼女との付き合いが始まったのである。

Sさんが住んでいた所はあまり地震の被害がなかったが、彼女は、水もガスも出ないし、余震も怖いというので一週間ほどTさんの家に住むことになった。しかし、その後は行く所がなかった。日本人の夫は何を考えているのだろうか。妻を独りにし、病院にも連れて行かなかった。

夫の母からは近所の目があるから昼間は外へ出ないようにと言われていたという。結婚も出産も夫の家族からは反対され、夫の姉妹には会ったこともない。出産の病院を決めなければならなかったが、健康保険に入っていないのでそこから始めなければならなかった。出産費用が捻出できないということで市の助産制度を利用しようとやってみたが、昨年の収入があったため、その制度を利用することはできなかった。

彼女は地震による直接の被害を受けたわけではないが、日本人の持つ偏見や日本社会の閉鎖性の犠牲となり、近所の人たちに助けを求めることすらできなかったのである。

長田区では震災後、外国人が女性を襲うなどといったデマが流れたようだが、何の根拠もないものだ。日本人と結婚している外国人でも、彼女のように社会から孤立している例が意外に多い。こんな時、やはり外国人女性は弱者の立場に立たされている。

一方、Tさん（彼女も日本人と結婚している）の場合、地震直後は東京の妹の所に避難したが、落ち着くと神戸に帰り、日本人と一緒に救援活動を始めた。また、大阪からは同じようにフィリピン人の女性が震災直後から仲間のために物資を運んだ。

連携が取れる外国人たちはこのようにして情報を集め、援助を得ることができた。Tさんとその仲間は、今ベトナム人たちが始めたミニFM放送「ユーメン」に参加し、フィリピン人に向けてタガログ語で情報を流している。Tさんは仲が良かった友人（フィリピン人女性）をこの震災で亡くしている。

私たちの見えない所で外国人女性たちの被害が広がっていた。震災による外国人死亡者174人のうち、女性は102人で、男性より多い。外国人の集住化が被災者を多くした原因の一つではあるが、日ごろの日本人との交流の貧しさが、被災後の外国人に対して日本人が受けた以上に被害を大きくしたといえるだろう。特にSさんの例に見るように、家庭に残る女性たちが孤立していたのではないだろうか。

2024年

震災と移住女性―変わったことと変わらなかったこと―

もりきかずみ（神戸市・80代）
（フィリピン人コミュニティ「マサヤン・タハナン」コーディネーター）

自然災害は一律に人に被害をもたらすものではない、ということがあちこちで検証され、「災害弱者」という言葉が使われている。私は、神戸の震災が起きる以前にも移住女性たちからの相談を受け、「アジア女性自立プロジェクト」を始めていた。日本政府は外国人労働者を受け入れず、彼女たちは超過滞在になる人もいた。突然の大きな地震で帰国できなかった人や大きな怪我を負った人、亡くなった人たちの問題が、救援活動をするNGOに寄せられた。

多くの問題の発端は、日本政府や自治体が短期滞在や超過滞在の外国人を「住民」と見なさず、救助の対象から外していたからだった。外国人と日本人の違いは「国籍」や「在留資格（ビザ）」の有無で決まる。この「弱者」の立場は、今でも変わらない。

震災直後にスタートし始まった「NGO神戸外国人救援ネット」では、現在も相変わらず色々な国籍を持つ人々から相談を受ける。フィリピン移住女性たちからの相談では、夫からの暴力に始まり、子どもの成長に伴って相談は多義にわたっている。

10年前、フィリピン人女性たちが集まる場が必要だと思い、彼女たちが集まって日本語を学べる居場所作りを始めた。

今ではそのグループが大きく成長し、自分たちのコミュニティを作って仲間を増やしている。そこは学習の場であり、相互扶助の場でもある。フィリピン文化も発信する。コロナ支援金など、行政からの多様なお知らせをSNSで自分たちの言葉（タガログ語）で発信している。

能登半島地震が起きたときには、テレビで多言語による放送があり、コミュニティのメンバーがタガログ語で注意を呼び掛けていた。

支援される側から支援する側にもなる、「おたがいさま」文化を発信しよう。

1995年

私たちの声を市政へ！　女性たちの手作り選挙

正井禮子（神戸市・40代、ウィメンズネット・こうべ）

思えば震災直後、神戸市長が空港をつくると言うのを聞いて、こんな時に何を言っているんだという怒りが、市議選へ立候補する種火になったのだと思う。女性支援ネットワークを立ち上げて被災地でのボランティア活動を始めた矢先のことだった。

1992年に女性問題を考えるグループ、「ウィメンズネット・こうべ」を結成して勉強会などを続けてきた。かねてから、市政に市民の声が反映されていないこと、女性議員が72人中たった6人では、女性の声など市政に反映されるわけがないとも感じていた。

立候補を表明してからの10日余りは、不安と心細さに襲われた。政治団体の登録など、手続きにもけっこう時間がかかった。運動がスタートできたのは5月1日。告示まで1カ月しかなかった。

「開発優先の行政はもうオシマイ！　生活者の視点を生かした復興を進めるためにも、議会に女性を送ろう」と、拡声器を肩にかついで、手作りの旗を持って団地の前で街頭演説を始めた。

立候補を知った女性の友人たちは、「友人のご主人が出るのはわかるけど、自分の友人が選挙に出るなんてすごい！」

と、みんなびっくりしていた。一方、男性の友人たちは、立候補を打ち明けた時も、「組織もないし、当選する見込みはないからやめろ」と異口同音に言ったものだった。

友人の家で午後のお茶会を兼ねたミニ集会も開いた。

「政治が変わらないと暮らしは変わらない。その政治を変えるのは私たち市民」

「党や組織の代表ではない、普通の市民の声、女性の声を議会へ！」

と訴え続けた。

「ウィメンズネット・こうべ」のメンバーだけでなく、地元のコーラスやお料理の会の仲間、隣近所の女性たちが応援に来てくれた。

コーラス部の仲間は、さっそく「翼をください」を「議席をください」に替えて歌をプレゼントしてくれた。

地元の友人たちの半分が、自分の家が全壊や半壊という状況だったのに、ほんとうに有り難かった。

選挙カーは堺市の議員から、拡声器は尼崎の議員から借りて、3枚600円の似顔絵Tシャツを作り、オレンジの帽子をかぶって、市場の中を桃太郎隊をした（ちなみに、候補者がいないのは芋虫隊と呼ぶそうだ）。まるで旅巡業やなあと思いながら、あいさつをして回った。

選挙参謀もいず、できる人ができる時に手伝う、という主婦のパートタイム選挙。ビラ配りからポスター張り、ウグイス嬢（?）から、マイクを持ってのリレートーク……誰もが初めて経験することばかりだった。

「私も候補者になった気分」「女性も選挙に出られることを思い出させてくれた」「政治が身近に感じられた」などの声が聞かれ、ともかく女たちが精いっぱい頑張って支え合った選挙戦だった（「おばさんたちの文化祭」なんて声もあったけど）。

「既成政党はもういや！」「主婦と思ってなめたらあかんよ」と言う、我が陣営の猛烈な叫びに、対立陣営から拍手（？）がおきたりして、候補者自身もビックリの、とにかく元気な応援団だった。陰で応援させてもらうと言っていた人がいつの間にか、しっかりマイクを握っていたりして。

さらに驚いたのは、市民派議員たちが、全国からたくさん応援に駆けつけて、「被災地神戸の復興は日本全国の問題」「市民派議員を神戸に誕生させよう」とエールを送ってくれたことだ。

震災でつながりができた埼玉や名古屋の女性グループのメンバーも応援に来てくれた。何度も胸が熱くなった。女性をもっと議会に送ろうという動きが、各地でネットワークとしてつながっているのだと実感した。「女でもできる選挙」を目指していたのが、いつのまにか「女だからできる選挙」になっていた。

阪神・淡路大震災という未曾有《みぞう》の災害を経て行われた今回の地方選は、選挙のあり方そのものが問われたと思う。なのに、多くの候補者たちが旧態依然の運動スタイルで、政策を伝えなかったのにはガッカリ。被災地の一市民として疑問が残る。有権者が、政策の内容や自分の思いをきちんと語りかける議員を待ち望んでいることを、自ら選挙戦に出てみてこれほど痛感したことはなかった。

残念ながら、私の選挙結果は3507票の次点。

でも最高に楽しい9日間だった。お金も組織もなかったが、私たちの運動は無駄ではなかったと確信している。

選挙を通じて私たちが得たものと、広がった人の輪をこれからも生かしていきたい。

政治に対してきちんと声を上げていきたい。

復興へ向けての議会の動きを、女性の目で見すえたい。私たちの活動はこれからなのだ。

正井たちの挑戦は、女性たちの政治への参画意識を高めた。1996年には、「女性を議会へバックアップスクール」を仲間3人とたちあげ、その後、多数の市民派女性議員が各地で誕生した。

第４章　仕事と家族

1995年

会社って何だろう？

正井禮子（神戸市・40代、ウィメンズネット・こうべ）

私たちは神戸で「ウィメンズネット・こうべ」というグループをつくり、女性問題の学習会や通信を発行するなどの活動をしてきました。昨年からは一軒家を借りて「女たちの家」を開き、女性たちが本音で語り合って元気になれるスペースづくりもしてきました。今度の震災では私たちのメンバーも被災し、「女たちの家」も周囲が崖崩れの危険性があったりして、活動が思うようにできません。しかし、この3月に「女性支援ネットワーク」を立ち上げ、電話相談や、被災地の女性たちが思いを語る場として、ささやかな集会を幾度か開いてきました。

女性たちの話を聞いて感じたことの一つは、日本の社会がいかに「会社」中心の社会であったかということでした。

被災した社員に素早く社宅を用意し、会社が国よりも頼りになるとの声もありましたが、一方で震災から1週間も経たないうちに大阪市内に単身者用の住まいを用意して、夫たちを単身赴任させ、いまだに余震の続く被災地に家族を置き去りにしたのも会社でした。会社側の一方的措置のケースだけではなく、男たちも交通機関が寸断された中を10時間近くもかけて何とか会社に出かけて行き、そのまま会社で泊まり込みをして、何日も帰って来ない例も数多くありました。

地震直後に、被災地神戸を脱出して、予定されていた東京での会社の研修に参加したり、2カ月近く自宅に戻らなかった話もあって驚きました。

取り残された妻たちが精神的、肉体的にどんなに大変な生活を強いられ、不安に苦しんだか。つらかったという声をたくさん聞きました。

停電のためエレベーターの使用できない高層マンションでの水汲み作業は、どんなに重労働だったことでしょう。私自身も18リットルの水を自転車の荷台に積んで、よろよろしながら自宅まで運び、水がこんなにも重いものとは……と、ため息をついたものです。

余震の続く中、独りぼっちで家に残された不安感から体調を崩した女性も多く、通じない電話の前に何時間も座り続けていた女性の話も印象に残っています。

特に、幼い子どもを抱えた母親たちには、自分自身の不安感と同時に母である自分が子どもを守らなくてはいけないというプレッシャーも強かったようです。そのために、幼児虐待に近い状況もかなりあったようでした。

最近若いお母さんたちから、せめて1週間の震災休暇を夫たちに取って欲しかったという声を聞きます。でも、私は、あれだけの被害があった場合なら1カ月程度の震災休暇が必要だと思っています。

夫の人事異動と共に全国各地を転々とする「転勤族」の妻たちにとっても、震災の影響は大きかったようでした。

この8年間に5回の転勤を経験し、ある年は会社の都合で1年に2回も転居したという女性に会いました。今回の地震でも、越してきて1年にもならない地縁血縁の少ない神戸の街で、とても不安だったそうです。夫は地震当日も会社に行ってしまってその日は帰宅せず、子どもがその夜高熱を出して1人で大変だったとか。そのためか、今でも（3月の中旬ごろ）精神的に不安感が取れないとのことでした。

もともと単身赴任していた夫が、電話で安否確認をしてきたきり、帰って来ない例も何人か聞きました。家は無事、家族にも外傷がなかったといっても、あれだけの地震の恐怖は精神的にはすごいショックです。それを共感してもらえない妻たちの中には、いつまでも恐怖感から立ち直れず、家事ができない状況に陥っている人もいました。

ところで男たちは、妻や子どもたちを残して会社に行ってしまうこと、ましてや単身赴任という形で自分だけ被災地からいなくなることをどう感じていたのでしょうか。1カ月が過ぎるまでは、誰もが大きな余震の心配をしながら暮らしていたのは事実ですから。「出社しないと首になるから」でしょうか。現実に震災後、出社して来ないという理由で、社員を首にした会社があったことも聞きました。もし、それが理由なら、家族の安否よりも経済を優先した日本の「会社」中心主義に大きな問題を感じざるを得ません。

被災地の社員の生活は最優先すべきだったと思います。しかし現実は、何があっても、会社に行くのが当たり前という思い込みが会社にも社員（特に男性たち）の側にもあるような気がしました。この震災状況の中ですら疑わないほど、私たち日本人の意識は会社というものにどっぷりはまり込んでいるのではないでしょうか。仕事が大事、自分の家族のことよりも会社を優先させる……、それは日本の終身雇用制度と深いかかわりがあるのかもしれません。それが男らしさだと考えられることすらあるようです。

その究極の形が、復興に携わる男たちの「過労死」が「美談」としてマスコミ報道されたことではないでしょうか。震災後の数日間、不眠不休の末、自宅に帰ることなく亡くなられた方が、まるで「勇士」のように報道されました。労働に対しては心から感謝しますが、死なないで欲しかったと痛切に思いました。家族の怒りや、そのことを人権問題として取り上げたところは1社もなかったように記憶しています。おそらくマスコミの現場で働く多くの男たちもまた過労死寸前だったのではないでしょうか。

最後に外国の女性の方にぜひ尋ねたいことがあります。「阪神大震災のような大きな被害の直後、しかもライフラインがズタズタになった状況でも、あなたの夫は会社に行ったでしょうか」

「単身赴任という、家族と離れ離れの状況をあなたの国では会社が行うと思いますか」

「もし会社が単身赴任を要求した場合、あなたの夫は受け入れますか。妻であるあなたは黙って受け入れますか」

ホットライン相談者の　その後　の調査結果

7割超える「仕事が見つかっていない」

「震災で職を失った」63%、「一時休業した」30%

被災労働者ユニオンでは、「阪神大震災　労働・雇用ホットライン」への相談者に対して、「その後」（震災半年後）の状況や抱える問題点についてアンケート調査をおこなった。雇用保険の失業給付は受給期間の短い人は6月末から給付切れとなり、7月にはその数が5千人となった。他方、就職は8%程度と、唯一の収入源を失う一方、就職できない中で生活はさらに厳しさを加えているのが被災地半年後の状況であると言える。以下は、その中間集計結果である。

女性が7割、40代以上74%

アンケート解答者は、性別では、女性69%に対して、男性が30%。年齢別では、50代31%、40代と60代がそれぞれ21%となっている。

「震災で職を失った」人は63%、「一時休業した」人は30%と、93%の人が働けなくなった。

雇用保険の失業給付を受けたのは89%

雇用保険の失業給付を受けた人は89%、そのうち「新たに手続きをした」人が52%と、実に半数を占めている。

受給期間は90日が38%

受給期間を見ると、90日が42%、180日が26%、210日が19%の順となっている。震災から数えて90日（3カ月）の人は、激甚災害指定地域の個別延長60日を加えても、6月末から給付期限切れになる人が出始め、7月には5千人になるという。180日の人は9月末から11月末にかけて給付期限切れとなる。

「元の職場に戻った」は55%に過ぎない

再就職状況を見ると、一時休業した人で「元の職場に復帰した」人は55%、「戻る予定」は24%、「戻れなかった」が21%となっている。

「まだ探す気になれない」が6%もいる

職をなくした人で、「新たな職に就いた人」は29%、「まだ適当な職が見つかっていない」人が65%、「まだ探す気になれない」人も6%いる。

「神戸地区労働組合協議会『阪神大震災と職場』（1995年）より」

被災労働者雇用問題調査結果（中間集計）

1．このたびの震災であなたのお仕事はどうなりましたか　100人

(1)職を失った	63人（63%）
(2)一時休業した	30人（30%）
(3)そのまま元の職場で働いている	7人（7%）

2．（職をなくされた方）雇用保険の失業給付を受けられましたか　74人

(1)受けた	66人（89.2%）
①雇用保険に入っていた	19人（28.8%）
②新たに手続きをした	34人（51.5%）
(2)受けられなかった	8人（10.8%）
③期間が足りなかった	2人（25.0%）
④事業主に遠慮した	3人（37.5%）

(1)の人の受給期間（個別延長60日含まず）

① 90日	24人（42.1%）	③210日	11人（19.3%）	⑤300日	4人（7.0%）
②180日	15人（26.3%）	④240日	3人（5.3%）		

3．（一時休業された方）休業後の復職　33人

(1)元の職場に復帰した	18人（54.5%）
(2)元の職場に戻れる予定	8人（24.2%）
(3)元の職場に戻れなかった	7人（21.2%）

4．（職をなくされた方）再就職の状況　66人

(1)新たな仕事に就いた	19人（28.8%）
(2)探しているが見つかっていない	43人（65.2%）
(3)まだ仕事を探す気になれない	4人（6.1%）

5．性別

(1)男	29人（29.9%）	(2)女	68人（69.1%）

6．年齢

(1)20歳代	13人（15.5%）	(3)40歳代	18人（21.4%）	(5)60歳代	18人（21.4%）
(2)30歳代	7人（9.7%）	(4)50歳代	26人（31.0%）		

避難者実態調査報告書
（就業の状況）

兵庫県被災者連絡会　1995年10月27日

図1　震災前と現在の就業状況の変化（女）

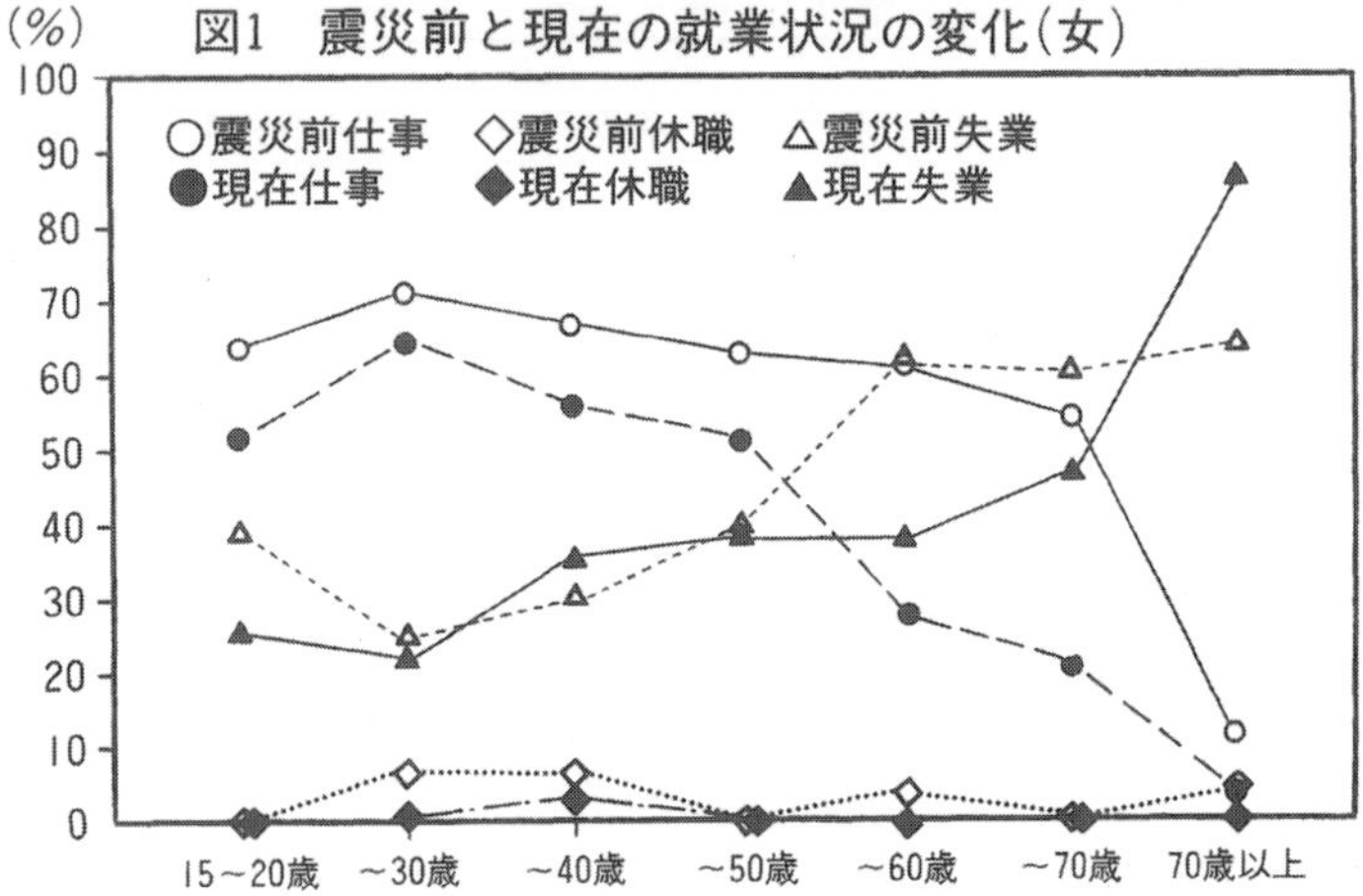

図2　現在働いていない理由（女）
（家事育児、介護、通学、その他、除外）

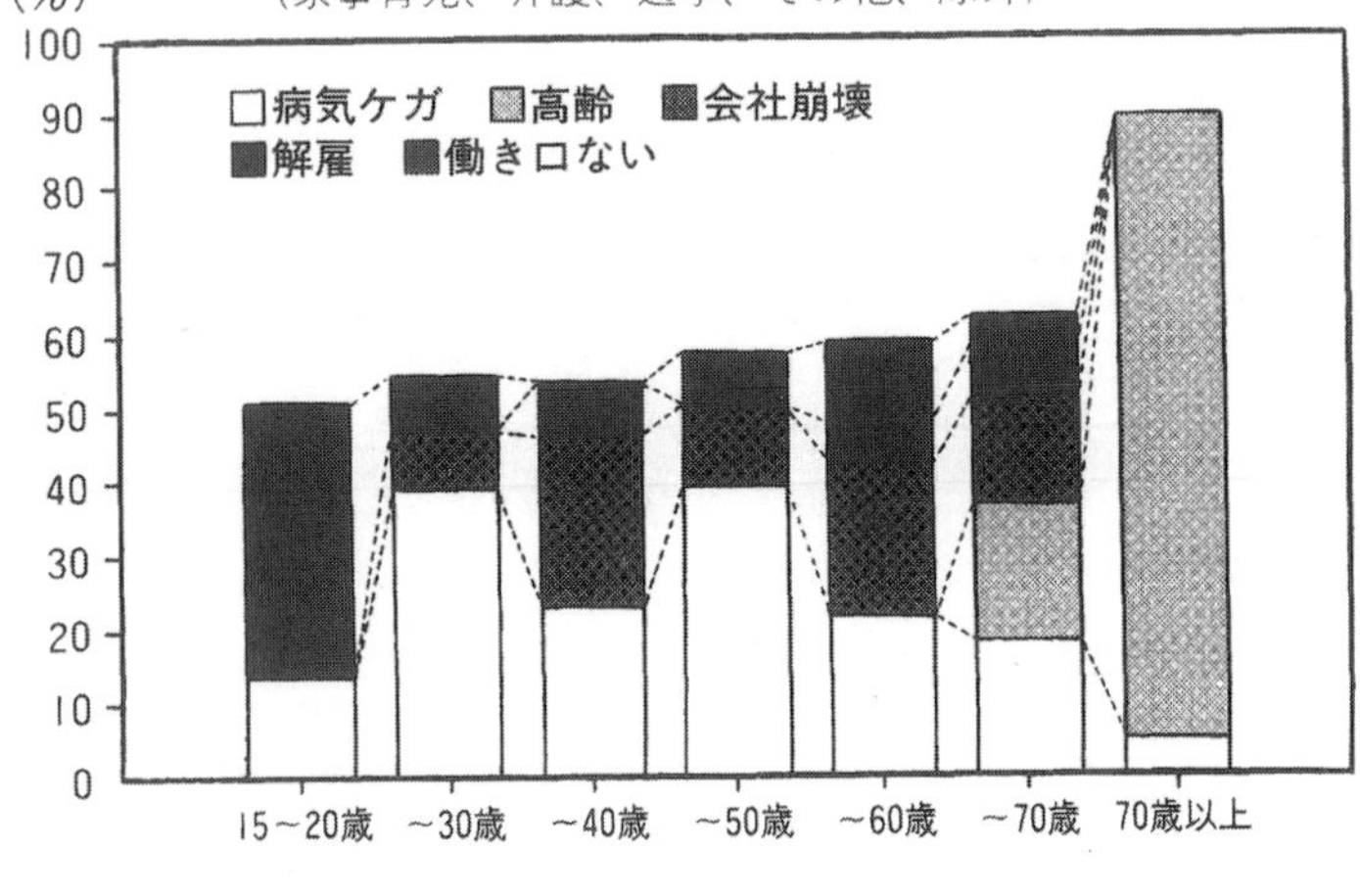

「現在働いていない理由」の中で、女は男と異なり「家事・育児」や「介護」などが理由として挙がっている。現在の性別役割分業の中で過酷な避難所生活が女性の就労を抑制している側面があると考えられる。

図3　現在働いていない理由(男女別)

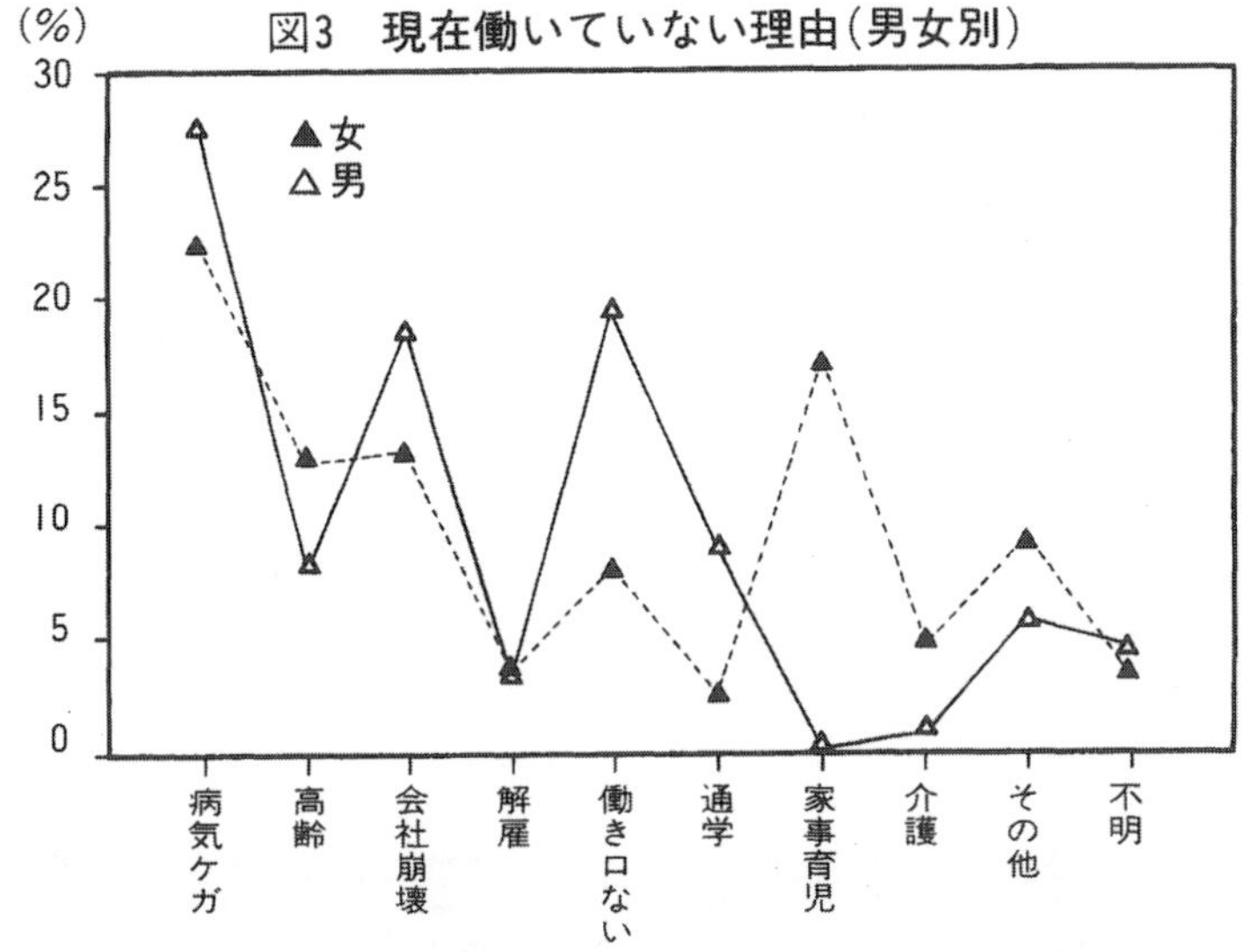

図4　震災前と震災後の従業上形態の変化(男女別)

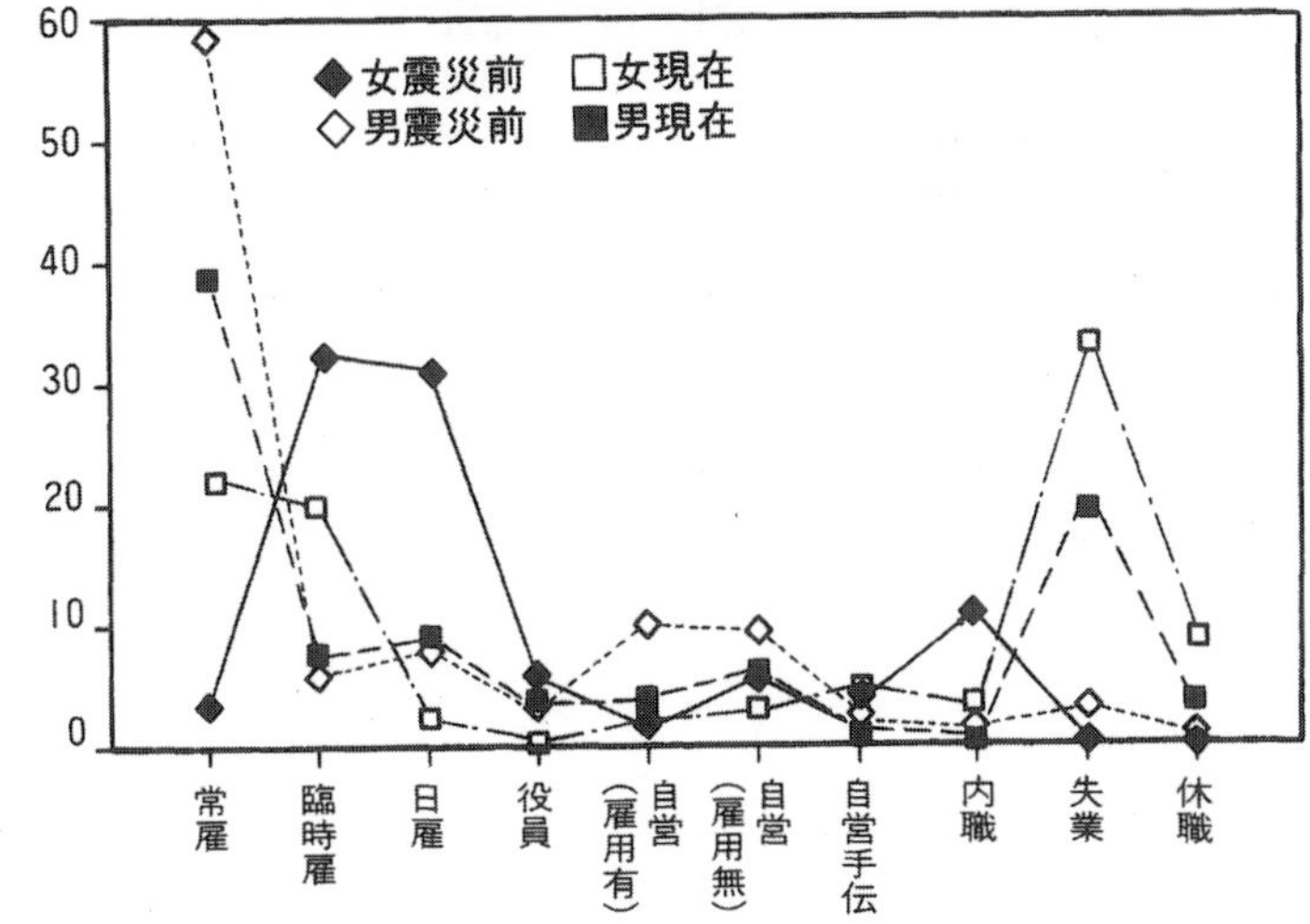

災害に関するアンケート集計結果

（1995年4月10日現在）

調査期間　1995年3月1日～4月10日（会報3月1日号の誌上で依頼）

調査対象　「ハンド・イン・ハンドの会」会員
（離婚問題を抱えた方のネットワークグループ、
主に女性、全国会員数1500人）

回収アンケート数　65通（女性　65通、男性　0通）

1. 居住地　（京阪神地方　21名）

都道府県名	件数	%
①兵庫県	8	12.31
②東京都	7	10.77
大阪府	7	10.77
④埼玉県	6	9.23
神奈川県	6	9.23
千葉県	6	9.23
⑦広島県	3	4.62
愛知県	3	4.62
奈良県	3	4.62
⑩岐阜県	2	3.08
石川県	2	3.08
京都府	2	3.08

2. 年齢

年齢	件数	%
25～29歳	3	4.62
30～34歳	21	32.31
35～39歳	17	26.15
40～44歳	6	9.23
45～49歳	7	10.77
50～54歳	8	12.31
55～59歳	2	3.08
60～64歳	1	1.54
65歳～	0	0.00
総数	65	100.00

3. 世帯人数　（平均世帯人数　2.8人）

員数	件数	%
1人	3	4.62
2人	28	43.08
3人	17	26.15
4人	11	16.92
5人	4	6.15
6人	2	3.08
総数	65	100.00

4. 家族構成

構成	世帯数	%
①本人と子ども	41	63.08
②実家で両親等と本人と子ども	16	24.62
③配偶者と本人と子ども	4	6.15
④一人暮らし	3	4.62

6.年収

(平均年収　279.88万円)

年収(万円)	件　数	%
0	5	7.69
0～99	4	6.15
100～199	11	16.92
200～299	14	21.54
300～399	12	18.46
400～499	10	15.38
500～599	1	1.54
600～699	1	1.54
700～799	1	1.54
800～899	1	1.54
900～	0	0.00
不明	5	7.69

5.職業

職　業	件　数	%
自営業	5	7.69
会社経営	0	0.00
正社員	31	47.69
非常勤	8	12.31
パート	11	16.92
自営業手伝	1	1.54
自由業	3	4.62
その他	2	3.08
無	4	6.15
不明	0	0.00

8.住居

種　類	件　数	%
持ち家(一戸建)	15	23.08
持ち家(マンション)	2	3.08
借家(一戸建)	5	7.69
借家(マンション)	7	10.77
社宅・官舎	3	4.62
間借り	0	0.00
アパート	11	16.92
公団	4	6.15
親の家、または親の持ち家	13	20.00
その他	5	7.69
不明	0	0.00

7.貯蓄

(平均貯蓄額　518.37万円)

額(万円)	件　数	%
0	8	12.31
0～99	6	9.23
100～199	4	6.15
200～299	6	9.23
300～399	7	10.77
400～499	1	1.54
500～599	5	7.69
600～699	5	7.69
700～799	1	1.54
800～899	2	3.08
900～	6	9.23
不明	7	10.77

10.災害に対する不安

種　類	件　数	%
住居	26	40.00
仕事	12	18.46
子ども	18	27.69
人間関係	0	0.00
精神的な不安・ダメージ	15	23.08
健康	17	26.15
経済的な不安・ダメージ	12	18.46
離婚問題	0	0.00
その他	18	27.69
不明	3	4.62
無	2	3.08

9.被災の際頼れる人

いる	50件	76.92%
内訳		
①きょうだい	17件	34%
②その他(姉妹の夫等)	16件	32%
③父親	15件	30%
④母親	12件	24%
⑤子	6件	12%
⑤親族	6件	12%
いない	15件	23.08%

1995年

交通機関は大事なライフライン

いなだ多恵子（神戸市・30代）

地震がいつ起きるか考えて行動している人は少ない。私にも当然、その日に行くべき場所があった。当日は地震の恐怖感が残る中、近隣のほとんどの人がスーパーの駐車場に避難していた。何回も続いてやってくる余震……。

娘の小学校はプールが割れ、体育館の天井が落ちたので避難場所になっていないと耳にする。学校はしばらく休みとなる。

夫は仕事で通勤する状態が前日で一段落し、偶然にもこの日から在宅できることになっていた。後は私のことだ。

私は大阪の2つの学校と某研究資料センターの3カ所に非常勤職で勤めている。1校は15年目でもう1校は初年、センターは6年目で、それぞれの場に責任と多少の使命感、そして仕事としての楽しさを持って経済的収入をはかっていた。

地震による安否確認は、まず神戸市内の夫の身内（親・姉妹）に、次に私の実家（埼玉県）に、とにかく無事の知らせだけを朝のうちにできた。

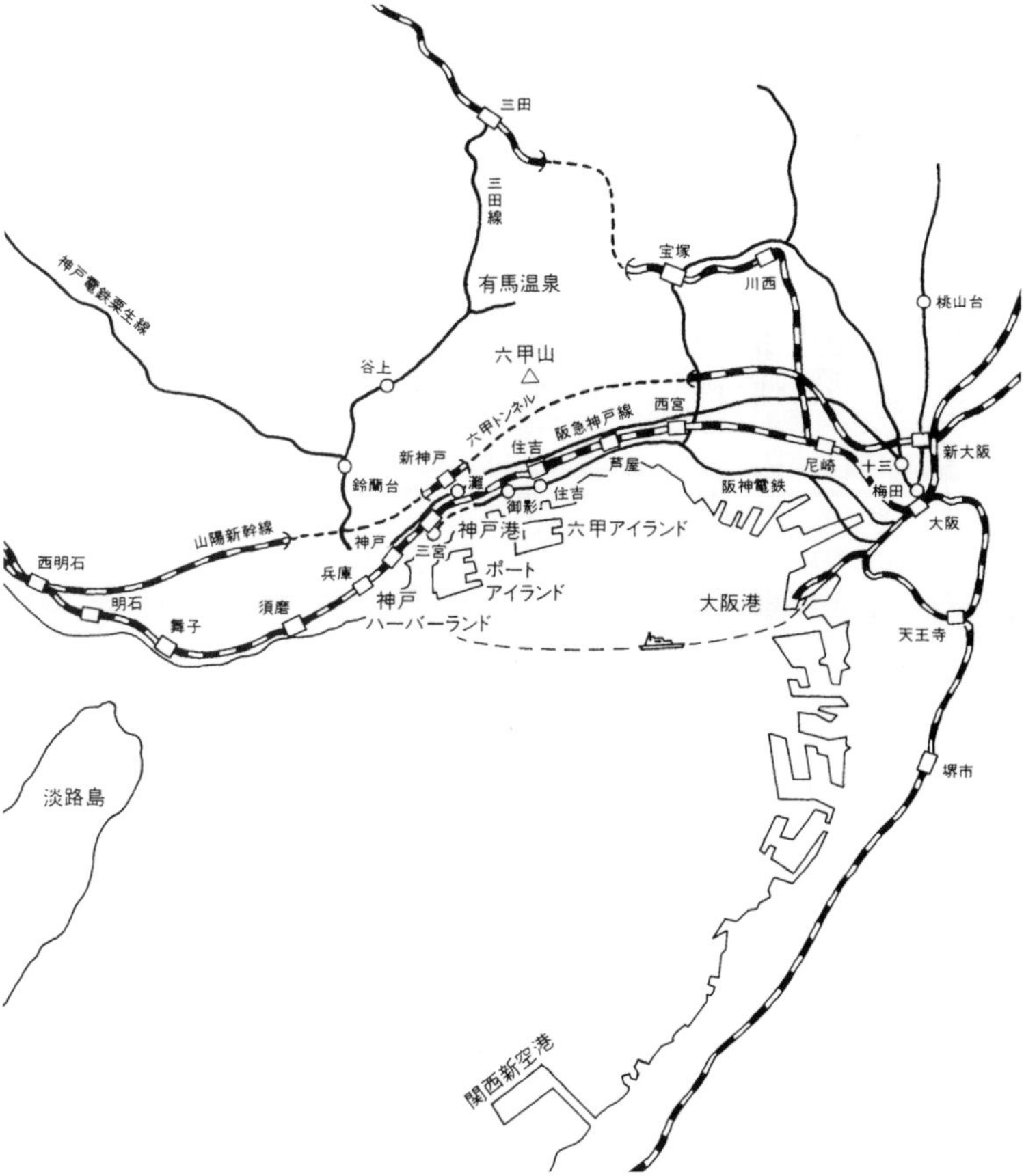
三田
三田線
神戸電鉄栗生線
有馬温泉
宝塚
川西
桃山台
六甲山
谷上
六甲トンネル
西宮
阪急神戸線
新神戸
住吉
芦屋
尼崎
十三
新大阪
鈴蘭台
灘
御影
住吉
阪神電鉄
梅田
大阪
山陽新幹線
神戸
神戸港
六甲アイランド
西明石
三宮
兵庫
ポート
アイランド
明石
神戸
大阪港
舞子
須磨
ハーバーランド
天王寺
淡路島
堺市
関西新空港

こんなすごい地震だから当然職場は休みになると思っていたが、大阪では翌日から平常に機能していた。それを知ったのは不通になった電話が大阪とつながった3日後だったため、それまでは無断欠勤となってしまった。地震から6日後の日曜日に、月曜日の仕事に出るため、娘と神戸脱出をはかる。約5時間かけて宝塚駅にたどり着き、駅で利用したトイレの水が普通に使えることにある種の驚きを覚えた。

自宅では風呂の残り湯を大切に使い、飲み水だけ給水車と友人が届けてくれた分でしのぐ。煮炊きは石油ストーブとガスバーナー。瓦の落ちたボロボロの家で大型テント生活。そんな暮らしをしていたのだから。

さて、職場へは子連れで行った。職場も事情を理解してくれているので、2月までは勤務時間の変更をしてもらった。この日は、2時に仕事を終え、「明日、子どもたちの小学校に出席できる人は集合する」ということで帰宅する。前日の逆ルートで鈴蘭台に着いた時には、すでに日が落ちていた。長いバス待ちの行列。時間はお金に代えられないので、やっと来たタクシーに相乗りで神戸駅まで進む。同乗の中年男性1人は、仕事を終えて避難所に帰ると言う。中年女性は心配していた友人をテレビで見つけたので、その人のいる避難所に見舞品を届けると語っていた。

神戸駅からは須磨に向かうバスに乗れそうにないと判断し、私と娘はタクシーにそのまま板宿駅に行ってもらうことにした。地震でゆがんだデコボコの裏道を迂回したり、倒壊した建物のわきを通って、また地震が来ないかとヒヤヒヤしながら、兵庫から長田を抜けた。

いなださんの阪神・淡路大震災時の通勤経路（1995.1.24 ~ 3.10）

月日		移動経路		
1/24	火	自宅からバイク → 鈴蘭台 ++++ 三田 ▬▬ 宝塚 ++++ ①	A	友人宅泊
25	水		C	友人宅泊
26	木		A	友人宅泊
27	金	C ③ ++++ 大阪港 〰〰 神戸ハーバーランド ── 兵庫 ▣ ── 須磨 ▬▬ 舞子		
30	月	舞子 ▬▬ 神戸ハーバーランド 〰〰 大阪港 ++++ 桃山台 ▣ B		
		② ++++ 梅田 ▬▬ 芦屋 ▣ 三宮 ── 神戸 ▬▬ 舞子		
31	火	舞子 ▬▬ 神戸 ▣ 鈴蘭台 ++++ 三田 ▬▬ 宝塚 ++++ ①	A	友人宅泊
2/ 1	水		C	友人宅泊
2	木	A ① ++++ 梅田 ++++ 大阪 ▬▬ 芦屋 ▣ 三宮 ── 神戸 ▬▬ 舞子		
3	金	舞子 ▬▬ 神戸ハーバーランド 〰〰 大阪港 ++++ ③	C	
		③ ++++ 梅田 ++++ 青木 ▣ 三宮 ── 神戸 ▬▬ 舞子		
5	日	舞子 ▬▬ 神戸 ++++ 三宮 ▣ 西宮北口 ++++ 川西能勢口 ++++ ④		友人宅泊
6	月	B ② ++++ 西宮北口 ▣ 三宮 ++++ 神戸 ▬▬ 舞子		
7	火	舞子 ▬▬ 神戸 ++++ 三宮 ── 新神戸 ++++ 谷上 ++++ 三田 ▬▬ 宝塚 ++++ ①	A	知人宅泊
8	水		B	友人宅泊
9	木	A ① ++++ 西宮北口 ▣ 三宮 ++++ 神戸 ▬▬ 舞子		
10	金	舞子 ▬▬ 神戸ハーバーランド 〰〰 大阪港 ++++ ③	C	
		③ ++++ 大阪 ▬▬ 住吉 ▣ 三宮 ++++ 神戸 ▬▬ 舞子		
12	日	舞子 ▬▬ 神戸 ++++ 三宮 ▣ 西宮北口 ++++ 宝塚 ++++ 川西能勢口 ++++ ④		友人宅泊
13	月	B ② ++++ 西宮北口 ▣ 三宮 ++++ 神戸 ▬▬ 舞子		
		14～16日は公休		
17	金	舞子 ▬▬ 神戸 ++++ 三宮 ▣ 御影 ++++ 梅田 ++++ ③	C	
		③ ++++ 梅田 ++++ 御影 ▣ 三宮 ++++ 神戸 ▬▬ 舞子		
20	月	舞子 ▬▬ 三宮 ▣ 西宮北口 ++++ 十三 ++++ ②	B	友人宅泊
21	火		A	友人宅泊
22	水	B ② ++++ 大阪 ▬▬ 住吉 ▣ 灘 ▬▬ 舞子		
23	木	舞子 ▬▬ 灘 ── 王子公園 ++++ 御影 ▣ 西宮北口 ++++ 十三 ++++ ①	A	
		① ++++ 大阪 ▬▬ 住吉 ▣ 灘 ▬▬ 舞子		
24	金	舞子 ▬▬ 灘 ▣ 御影 ++++ 梅田 ++++ ③	C	
		③ ++++ 梅田 ++++ 御影 ▣ 六甲 ++++ 王子公園 ── 灘 ▬▬ 舞子		
27	月	舞子 ▬▬ 灘 ── 王子公園 ++++ 御影 ▣ 西宮北口 ++++ 十三 ++++ ②	B	
		② ++++ 十三 ++++ 西宮北口 ▣ 御影 ++++ 王子公園 ── 灘 ▬▬ 舞子		
28	火	舞子 ▬▬ 灘 ── 王子公園 ++++ 御影 ── 住吉 ▬▬ 大阪 ++++ 梅田 ++++ ②	A	友人宅泊
3/ 1	水	B ② ++++ 十三 ++++ 西宮北口 ▣ 御影 ++++ 王子公園 ── 灘 ▬▬ 舞子		
2	木	舞子 ▬▬ 灘 ── 王子公園 ++++ 御影 ── 住吉 ▬▬ 大阪 ++++ 梅田 ++++ ①	A	
		① ++++ 西宮北口 ▣ 御影 ++++ 王子公園 ── 灘 ▬▬ 舞子		
3	金	舞子 ▬▬ 灘 ── 王子公園 ++++ 御影 ++++ 梅田 ++++ ③	C	
		③ ++++ 梅田 ++++ 御影 ▣ 六甲 ++++ 王子公園 ── 灘 ▬▬ 舞子		
6	月	舞子 ▬▬ 灘 ── 御影 ++++ 梅田 ++++ ③	C	友人宅泊
7	火		A	友人宅泊
8	水	B ② ++++ 十三 ++++ 西宮北口 ▣ 灘 ▬▬ 舞子		
10	金	舞子 ▬▬ 灘 ▣ 住吉 ▬▬ 大阪 ++++ ③	C	
		③ ++++ 大阪 ▬▬ 住吉 ▣ 灘 ++++ 舞子		

①；職場A最寄り駅　②；職場B最寄り駅
③；職場C最寄り駅　④；友人宅最寄り駅
── 徒歩　▬▬ ＪＲ　++++ 私鉄　〰〰 船　▣ バス

途中で火事跡のくすぶるにおいや点滅しない信号の交差点をいくつも通った。

タクシーから降りて板宿駅までの約２００メートルの道にもロープが張られ、ガラスの破片があちらこちらに散らばり、駅の入り口近くの店がつぶれていて、本当に地下鉄が動いているのか心配だった。

神戸市西区の駅から市内バスに乗り換え、帰宅した時は10時を回っていた。

その後の通勤ルートや外泊の様子は、前頁の表と前々頁の地図を参考に見てもらえばどんな状態か想像できると思う。

大阪へ仕事に行っているフルタイムの人が社宅に単身赴任したり、個人的にアパートを確保して一時的に住居を替えたことも無理はないと思った。移動の乗り継ぎのわずらわしさだけでなく、経営の異なる鉄道会社の駅から駅を歩いて移動し、その度に切符を買う行列に並び、さらに乗車するまで並ばなければならない。

特に全鉄道不通区間の代替バスに乗るために最高1時間15分並んだ。２月の寒さでは、私の限界だった。それ以上待つ場合は、他のルートを考えて並ぶのをやめた。

やっと乗ってもバスが渋滞で、発車してから10分後に1時間くらい止まっていたこともある。

駅２区間くらいは歩いたほうが早いこともあった。

その時の体力（気力？）によって、疲労が小さく済むほうに決めていた。また、日々復旧工事が進んでいたので、移動のたびにルートが違っていた。

それまでして、「なぜ仕事か？」というと、被災地に住む私を案じてくれた人たちの中に職場で得た関係の方も多くいたこと。そして、収入の維持が私には必要だったということである。大阪方面の友人はずーっと泊まっていたらいいと言ってくれた（こう言ってもらえたことがどんなに気持ちの上で救われたかと実感している）。シングルだったら、それも考えたと思う。

しかし、快適な生活が存在する大阪から、相変わらず水の出ないクラーイ雰囲気の町の自宅に戻り、そこで毎日を娘と夫が過ごしている現実があった。

このくい違いが私の心に重くのしかかり、やはり帰る場所はそこにしかないとも思った。

子どもの学校は午前で終わり、父親の作る弁当を持って学童保育に通っていた。たまに帰る私は、夜の8時を過ぎると料理をする気にもなれなかった。震災のすごい映像を見るのがシンドくてテレビもあまり見なかった。近所は避難所に行ったままの人が多く、人の気配がまるでなくて、ただ毎日が過ぎていく感じだった。これが3月中旬までの暮らしだったのである。

日常に利用していた交通機関が使えなければ、地震前の生活を継続できない。それは、これからの生活をどうしていくかという根本的な問題でもあった。

須磨・長田・三宮を通過し、灘を越えて芦屋・西宮と移動中の乗り物から目に入る風景が、それぞれの土地が受けた被災として胸に迫り、泣きたい気持ちがこみ上げてくる。

震災によって地元を離れた多くの人たちの中の1人になることも考えた。私がこの土地とどうつながっていくかは、今もこれからも大きな課題である。

戦争をしない未来のために

いなだ多恵子（明石市・60代、学童嘱託臨時支援員）

阪神・淡路大震災で、私は思いがけず被災当事者になり、たくさんの気づきがありました。大きな厄災の対処と同時に、自分がこれからどう生きていきたいのか考え、感じた理不尽が繰り返されないために、この気持ちを残しておきたいと思いました。それが、『「女たちが語る阪神・淡路大震災』（1996年版）の発刊に向けた思いでした。

震災で被災し、大きな喪失を抱えた市民の窮状《きゅうじょう》を訴える活動から『被災者生活再建支援法』の制度が整ったのは震災から3年後でした。成立した法律は、阪神・淡路大震災被災者には適用されませんでしたが、「阪神・淡路大震災復興基金」からほぼ同じ条件で支援金が支給されました。

この30年間に、日本列島の各地で起きた自然災害による被災者は、国や地方自治体から支援金が支給されるようになりました。

法改正が行われ、申請手続きも改善されました。

予期しない災害に見舞われた地域住民の大変さを比べることはできません。しかし2011年

3月の東日本大震災は、とりわけ規模の大きい災害でした。この災害は地震と津波、同時に原子力災害が発生しました。

放射性物質の拡散から逃れるために、被災地から避難した家族、母子、高齢者の命を守るために居住地から声をあげた「脱被ばく実現ネット（旧ふくしま集団疎開裁判の会）」があります。

幼子を連れて全国に居住地を移しながらも、故郷の地から行動を起こしている女たちの姿に共感し、決してよそ事ではないと思っています。

30年前に神戸で抱えた不安。これからどう生きていくことができるのか。どう生きていきたいのか。被災者というひとくくりにはしない、社会的な制度の在り方に対する見直しへの行動につなげていくことができると思います。それは、地域的でありながら普遍性のあるものだと思います。

私はこの30年の間に両親を見送り、小学生だった子どもが親となり、高齢者の仲間入りをしました。

この時間の流れの中で『平和』が脅かされる世界状況にもアンテナを張り、私たちの親が幼少期に体験した『戦争』をしない未来のために、気力を持ち続けたいと思います。

1995年

パート・アルバイトの大量解雇

黒田智恵（神戸市・40代）

私は震災当時、大手の労働組合の書記をしながら「神戸ワーカーズユニオン」というパートが1人でも加入できる組合の活動もしていました。

1月24日、上司と連絡を取り、職場の片付けに出かけました。余震が怖いので、中学生の娘を伴って西神中央駅から板宿駅まで地下鉄に乗り、不通になっていた新長田駅のJR沿線を三宮方向へと歩きました。ガレキと化し色彩のなくなった街には、ズボンにリュックサック、帽子にマスクという姿で年齢や性別すらわからない人の波が押し寄せて、黙々と動いていました。

雲井通《くもいどおり》にある事務所は、1月15日に引っ越したばかりで、電話は奇《く》しくも震災当日の17日につく予定だったのです。事務所に着くと、中は本棚やロッカーが重なり合い、ドアも開かない状態でした。それからは、軍手をして一つずつ、ガラスやコンクリートの破片を片付けたり、水汲みをする毎日が続きました。

連日、三宮のビル街を葉食い虫のようにショベルカーが砕き、鉄骨がまとめられるという状況の中、まさかと思う事態が起きたのです。

1月末に零細事業所、さらに2月に入ると大手スーパー630人、百貨店670人、食品会社200人……と、自宅待機していた神戸在住のパートやアルバイトが大量解雇されたのです。

2月に電話が復旧し、「阪神大震災労働・雇用ホットライン」を開設しました。開設と同時に電話のベルは鳴り続け、6月末までで1700件を超えました。寄せられた声の多くは、交通路が絶たれた時は「会社まで出勤できない」、会社の復旧が進むと「地震による財政難で、選別解雇や妊産婦・高齢者を切り捨てる」などです。また、正職員のだぶつきのため、玉突きのようにシフトを減らして配転したので、自宅が近くて通勤できたパートが退職、というケースもありました。

どの例を見ても、保育所がつぶれたり、高齢者を抱えた女性がはじき出されて、再就職の窓口の狭さから臨時や不安定な職種しか残されていなかった女性が解雇されるという悲惨な状況が露呈されています。

2月25日に全体相談会を開き、新たに「被災労働者ユニオン」を結成しました。雇用保険の受給がマスコミで報道されると、集団申請の日に集まる人たちも増加。交渉企業は50社にのぼり、雇用継続退職金上積みなどの解決もみられました。

また、組合に加入ということで、家族（夫）とのかかわりが浮上してきました。

夫の会社も解雇が相次ぐなか、妻の組合加入が知れれば自分が首になるのではないか。今まで職場との往復だった妻が「女だてらに」仲間と集い、遅くなるのは困る。腹は立つけれど、

「何も先頭に立たなくてもいい、誰かに任せれば……」、そういった夫たちの声が上がったのです。

被災労働者ユニオンのアンケートによると、雇用保険は6月末から給付切れになり、一方、7割を超える人は仕事が見つかっていません。住む場所の確保と家族の世話に追われ、まだ探す気にならない人が6パーセントいます。これは、氷山の一角です。5万人にものぼる「仕事探し」の人たちの中に、内定取り消しや短期間働いた求職者が含まれていないと考えると、女性が仕事をしていく環境はますます厳しくなるでしょう。

事務所のファイルの間からガラスの破片が出てくると、私はドキッとします。ほこりだらけの三宮の街を黙々と歩き続ける人の波が胸をよぎるのです。

まだ、地震の被害は広がっています。雇用保険に入れない4時間以下のパートの雇い入れ、期間を区切ったアルバイトや契約社員しか採らないという会社の雇い方など、問題があります。

「ちょっと待って」とストップをかけないと、家族を支えるため生活するために仕事に行くのか、「会社」のために生活しているのか、本末転倒しているという状況があるのです。

ユニオンに残っている人たちは、少ないながらも、自分の「仕事」「家族」「生き方」について考え、模索しつつあります。

「誰かに任す」ことのできない確かな歩みが始まっているのです。

1995年

楽しみの意義

坂木和子（加古川市・40代）

無意識のうちに災害は片田舎で起きるものと思い込んでいた私は、自分のすぐ近くの大都会で大震災が起きたことにショックを受けた。価値観が変わるかも、と思った。でも、私の価値観は、ガタガタと揺さぶられた後、落ち着いてきたのをみると、結局、たいして変わらなかったようだ。ただ、これまでは「たぶん起きないだろう、大丈夫だよ」と言えた恐ろしいことが「起きるかもしれない、起きることもある、そのうち起きるだろう」と思わざるを得なくなったわけで、日々、怖い。

そういう中で、楽しむということはしばらく私の心の中に入ってこなかった。楽しめる気分になれなかった。でも少し落ち着いた今、楽しむということは生きる意欲を生むという気がしてきて、積極的に楽しもうと思うようになってしまった。にもかかわらず、地震から3カ月もたった今、東に行けばいまだに話題はすべて地震に関連し、目に入るものからもこれからの大変さのみ思われ重苦しい気分になる。なのに、西へ行けばすでに話題は地震から離れて、以前と変わらないものになっている。そのギャップに、西ではつい口をつぐんでしまう。結局、災害とか不幸とかを体験してしまった人というのは、その重荷をずっと背負って生きていくしかないのかという気がする。でも、その荷を少しでも軽くするためにも、楽しまなくては。

男を見送るのは女

隅田明子（神戸市・30代）

地震から1カ月。住居であった社宅は全壊したものの、家族全員ケガもなく、早い時期に夫の会社の手配してくれた住宅に落ち着くことができた。「本当に運が良かった」、そう思い、気遣ってくれる人たちにもそう話してきた。それなのに、日が経つにつれて気持ちが落ち着かなくなった。悲しいばかりで前向きになんてなれない。いや、もちろんそればかりではない。

死んでいても不思議ではない状態で、それでも生きていた。日ごろから怖がりで、ことに死に対しての恐怖がとても強かった私が実際に死ぬような体験をして感じたことは、今までの「死ぬ時はどうなるんだろう、苦しいのは嫌だ」という生の側から死を見るものから、「人間はいつでも死ぬんだ。では、今どう生きていくのか」という死の側から生き方の質を切実に考えるものへと変わっていった。

漠然と将来に対する自信のなさや不安をいつも感じていた私は、「どんなことをしてでも自分らしく生きてやる」というような何か力強いものを体内に得たようだ。

しかし、やはり一方では、悲しくて何もやる気になれない気持ちでいっぱいになる。今まで積み重ねてきたものが、すべてつぶされてしまった。

生活の基盤、精神的な基盤になっていた神戸から遠く離れてしまった。

これから私は、またここで、何かを積み上げていくことができるのだろうか?

被災地から離れたことで、私は自分自身の感傷にどっぷり浸っている。当初は、遠く離れた地で何もできないことが後ろめたくて、はがゆくて仕方がなかった。しかし、私は現地でボランティアができる状況ではないと悟った。ただ、自分に何ができるのか、無関心になるのではなく、考え続けていこうと思う。

それにしても今回、本当に悔しいと思ったことがある。

全壊の家から家財道具を取り出し、避難地から神戸へ仕事、復旧へと出かけるのは男。家や避難地で子どもの面倒を見て、炊事・洗濯をし、男を見送るのは女。

この図式があまりにもはっきりとしてしまったことである。

また、夫との関係が窮屈でたまらなくなった。しかし、心のどこかでまだ余震の続く現地へ行かなくても許されることにほっとしていた自分を感じて、情けない思いをした。

そんな私とは逆に、母子家庭である知人があっさりと職場を解雇され、縁者の家で肩身の狭い思いをして途方に暮れているのを見た。

「こんな時、夫がいたらどんなに楽だったろうと思わずにはいられない」。

そんな彼女の言葉が悲しく、私をうちのめした。

2024年

つながりが大事なんだなぁ

岡本明子（神戸・60代、NPO法人フェミニストカウンセリング神戸）

阪神・淡路大震災から30年。被災間もない頃、私は自分が直接、復旧に携われないことを歯がゆく感じていた。日本では、あの震災をきっかけにトラウマ、PTSDについて少しずつ一般に知られるようになり、私も自分の当時の状態が「サバイバーズギルト」(註)であったと知った。

被災地支援のためのチャリティバザーを呼びかけた時には、避難先の子育て中の保育園・幼稚園のママたちや人形劇サークルメンバーをはじめ、地域の女性たちがどんどん集まって力を貸してくれた。それぞれの女性ができること、得意なこと、ネットワークを生かして主体的に関わってくれた。

同じ年、私は「フェミニストカウンセラー養成講座」に、避難先の兵庫県中部から毎週1回2年間通った。当時、保育園児であった我が子たちを、厚かましくも保育園のママ友に無理を言って夜まで預かってもらっていたのだ！　あの頃は、死んでいてもおかしくない状況で生き残ったという過覚醒状態でもあったのだろう、やりたいと思うことを人の迷惑顧みず押し通した。

さぞかしママ友には迷惑だったろうなぁ……。

こんなにこんなに避難先の女性たちに受け入れてもらい、助けてもらったことを、あらためて振り返って胸が熱くなる。ありがとう。

1998年、堺のフェミニストカウンセラー養成講座で学んだ神戸の仲間たちと、「フェミニストカウンセリング神戸」を立ち上げた。女性に求められる社会的役割や期待、DVや性暴力被害に苦しむ女性たちに寄り添い、本来その女性が持っている力や生命力、その人らしさに気づき、取り戻してもらう手助けをしている。

あらためて30年を振り返ると、多くの女性に助けられた私が、また別の女性が生きていくための一助となっていること、そうやって連綿と女性同士のつながりが続いていることに気づかされた。災害や暴力の被害に遭った時、人や社会とのつながりを保つことが傷つきの回復に不可欠と知った。まさに、私は30年前の被災時、つながりに支えられたのだ。


（註）「サバイバーズギルト」多数の死者が出た災害などで、生存者が「自分だけ生き残って、死んだ人に申し訳ない」と感じること。

1995年

人生山あり山あり

花園華林（神戸市・30代）

小さな家を天下とし、君臨15年の専業主婦。だが、おごれる者は久しからず。国破れてじじばば在り。

地震の夜明けと共に、義父母が「家が壊れた」と、タバコ盆片手に住みついた。年を取っても子の世話にはならない、と豪語していた2人だが、家と共に信念も20秒で壊れ去る。

年寄りは変化に適応しにくいというが、あれは大ウソ。電話が通じるやいなや、方々の知人にばらまく御託宣は「親を看るのが、子どもの務め。避難所なんかは今すぐ出て、長男の所へ行きなさい。何のために子どもを育てたん」。

お年寄りのケアは社会全体で、などと言っていた気運はどこへやら、時代の逆戻りで我が天下に風雲立ち上る。

ようやく築いたグレーのモダンインテリアに100円市のプラスチックはし立てが攻略始めの合図。

朝から晩まで子どもの一挙手一投足に、危ない、騒ぐな、散らかすなの大攻撃をしかけてくる。

長男の妻は長男の付属品という理屈で、親に務めよ、孝行せよのプロパガンダ。けれども、自分たちの90歳近い母親は避難所に預けたきり。扶養の免責事項があるなら、私にも教えてほしい。

役所もマスコミも避難所の人数が減ることばかりを望んでいる。そこの人たちがどこかの家に入ってしまえば、避難生活の経費は個人持ちだし、どんな修羅場が起きようと管理責任も問われない。みんなが身寄りの所に吸収されて、統計が取れなくなればすべて良し。

愛の絆で結ばれる麗しき家族幻想だけを扇情的にたれ流し、はみ出る輩は薄情者だの、冷酷非道だのと、共同バッシング。


身を持って家族愛の正体を知ってしまった中年女に、復権の道は険しく遠い。

2024年

人生最強の山

花園華林（神戸市・60代）

震災後しばらく、我が家には10人ほどが寝起きし活気に満ちていた。問題は皆が去って老親と向き合うようになってからだった。かわいい孫も同居となると騒がしさが耳に触る。老親は日ごとにイライラを募らせた。頼りにしたい夫は、長い復旧作業から戻ったとたん長期の海外研修へ出て行った。

私も電車再開と共に、震災前からの約束だった就職先へ通い始めることになった。ブスブスと熱の残る焼け野原を過ぎて10分、赤いレンガ塀《べい》が無残に崩れ落ちた職場だったが、中ではたくさんの職員が支えあって、操業再開に向かって動いていた。

18年ぶりの会社員生活。職場では大人同士の会話が成り立ったし、華やかなサンチカ（三宮の地下街）に、彩り豊かな惣菜《そうざい》や焼き立てのパンなどの並ぶデパ地下。目を見開く毎日だった。

ある夜、老親が部屋に引き上げてから、娘の一人が叫ぶように切り出した。

「お母さんはいいよ！　家にいないんだから。あたしは朝から晩まで怒られてばっかり。もういやだ！」

研修から戻った夫に相談すると、「そりゃいかん。本人から親に言わせろ」と、とんちんかんな返事が返ってきた。家族の皆が、同居の困難さに行き詰まっていた。

調べると震災特例で、親の家を再建するローンを私たち夫婦で組めるとわかった。子の成長とともに膨れ上がる費用に加えて2軒分のローン。崖っぷちぎりぎりだったが、自分たちだけの住まいを得た老親は穏やかさを取り戻し、子どもたちも行き来を再開した。

その後、舅《しゅうと》を看取り子どもたちを家から巣立たせ、一つの山を越えたと思った。ところが頂上には茫漠《ぼうばく》とした岩があるだけ。あれ、ここが目標だったのかな。なんか違う。

引退宣言をして会社を辞め、家計も親戚づきあいも夫に丸投げした。姑をそれなりに世話して見送ったのは夫だ。意外な才能が埋もれていたらしい。

70代目前の今、死への遺伝子が動き出し、人生最強の山がわが身の内に現れ始めている。新たに隆起していく山を、下るか上るか、誰にも分らない。

1995年

家族の中の心地よい距離

清水晴美（神戸市・40代）

震災直後、私は「捨てるものも守るものもない」という状況だった。離婚から1年、自分の納得のいく仕事（看護助手）を得て、半年が経っていた。兵庫区の実家は全壊。それでも、両親も、離れて暮らす（明石市最東）子どもたちも、家こそ半壊だったが、かつての夫と共に無事だった。親しい知人、友人もみな無事。被害こそあれ、生きてさえいれば……が支えだった。

震災から1カ月たって、自宅のライフラインの完全復旧に伴い、兄宅に避難していた両親を気分転換にでもなればと思って呼んだ。1DKの部屋に田舎から送られた米と、あの朝、思わずもぐり込んだという掛け布団と衣類を抱えて両親はやって来た。

涙ながらに堰《せき》を切ったように訴えるのは、息子宅に身を寄せる肩身の狭い思いと数々の不満、全く何の被害もないその地域の状況とのギャップであった。老人会の世話をしていた80歳の父にとっては自分が世話になることが、そして視覚障害を持つ77歳の母にとっては、残った視力で遺体や現場のむごたらしさを見たことが、やりきれないようだった。

そんな両親のやりきれなさを受け入れる度量がなかった。私は全くお手上げ状態だった。自分を支えるだけで、精いっぱいだった。全壊した病院での勤務はどうしようもない状況であったし、当直明けには給水の順番に並ぶこともあった。その上に、准看護学校の受験も控えていた。

1カ月経って私は、私の育った下町の実家を訪れた。母のこだわる「〝あの〟尺定規《しゃくじょうぎ》、〝あの〟針山《はりやま》」を全壊した家に入り、見つけ出した。古い表札、亡くなった義叔父の写真立て……。

リュックとマスクと運動靴姿の自分が15分ほど地下鉄を乗り継いだだけで、そこは別天地。ヒールを履いて、きれいなコートを着た女性を見ると、やっぱり自分は両親と同じ被災者なんだと感じた。突然に暮らすことになった戸惑いや不自由さ、「家族なればこそ」と思いやる、いたわりと気負いなどを同時に兄家族から私は引き継いだ。

狭い家での暮らしをうまく乗り切るためには、お互いが干渉し合わず、自分の暮らしのペースを守るようにしたいと私は願い、できると信じた。しかし、両親はやはり、身を寄せる肩身の狭さがあったように思う。母のヘルペスは、仮設住宅に入居する直前まで治まらなかった。

つまずいた兄家族と両親の関係は、時間が癒《いや》してくれるだろう。兄家族も、紛れもなく被災者だと思う。

私と両親との関係は、今、貧乏な看護学生である私が、勤務のない時に訪れては食事を共にするという、少し距離をおいた状態である。

家族なればこそ、心地よい距離を意識してつくること。それを震災の痛みが教えてくれた。

2024年

3度の影喪主を経て

清水晴美（明石市・70代）

震災から1年たった4月、私は准看学校で2年目、実習を始めたばかりだった。元夫が大量出血で亡くなったとの報せ。アルコール性肝硬変だった。義父からの「親権あげるから葬儀をとりしきってほしい」という申し出を、当然のように引き受けた。実際の喪主は元夫の父と長男。影喪主が私。思えば、それは影喪主シリーズの幕開けだった。葬儀のあとの香典返し、親権をとる手続き、遺族年金の手続きをする。遺族年金、6月で18歳になった次男が2か月受けただけ。

息子2人、猫3匹、長男の彼女も暮らしていたところに、私は猫1匹連れて舞い戻った。私は正看護師になるべく進学して2年生、次男は大学に自宅から通学。長男も彼女もそれぞれに働いていた。

そんな頃、年が明けてすぐに実父が倒れた。仮設住宅からやっと住宅を借りて3か月。実父は呼吸器をつけて意識がないまま入院生活となった。目の不自由な実母の環境を変えるわけにはいかないのでまた引っ越して、実母と同居。春がきて、元夫の3回忌と重なった実父の葬儀。元夫が亡くなる半月前、長男である私の兄はクモ幕下出血、術後合併症で入院は長引き、その後は在宅介護となっていた。そんなわけで、実父の影喪主の役目がまわってきたのである。

実父の初七日、登校した私に入ったのは実母の救急搬送の報せ。直腸癌《がん》で人工肛門造設の緊急手術であった。私の看護の実践は、ストーマ（人口肛門）の手入れと交換から始まった。けれど、癌が転移し入院。その春、3年生で実習に向けて病院の床頭台《しょうとうだい》でノートを広げながら、母の最期の脈をとった。影喪主任務は最終章となった。そして、翌春、国家試験を合格して駆け抜けた。


新看護師から3年目の春、体の不調は慢性関節リウマチと診断されて休職。復帰して病院勤務のあと、介護施設を経て65歳まで務めた。

今、長男は長い春を経て結婚、2児の親となり近くに居住。次男は、シングルで住まいはマンションを購入し尼崎に在住。私は一人暮らし。庭にやってくる猫、サヴイと名付けたこの子は、私の安否確認に来るような気がする。


震災の痛みが教えてくれた「家族との心地よい距離」。

今までの社会通念ではなく、もっとのびやかで立場にとらわれないこと。自分の健康に心かたむけつつ、家族以外のいろんな社会の中で身をおくこと、それが心地《ここち》よい距離を保つことなのかも、と思ったりする。

1995年

振り回されずして、何の人生かな

あまのさとみ（高砂市・40代）

棟続きの我が家の、無残な屋根を思う度、いずれはあの二階家の上で作業しなければならないと、自分に言い聞かせている。すっぽりとシートで覆われて、姿隠した瓦のすべてを地上に下ろす、土も落とす、

その後は、さてどうしたものか……修理に際限がない古い家はいっそ壊して……の声もある。

昔は、海を眺め、かたや田園を山々を眺めた窓もボロボロ、度々の工事や今回の地震の名残りが家じゅうにイッパイ。それでも、イヤ、だからこそいとおしい。めったに掃除しない、荷物置き場のようだけど。

だが、修理するも金、壊すも金、いずれも大金。文無しの私は、とりあえず屋根に上がろう。

このままでは台風の季節は過ごせない。それにしても、高い所は怖い。山歩きとは別だ。訓練しなければならない。足腰を柔軟に、腕力もつけ、何よりも度胸、度胸、クソ度胸。ただ屋根に上がるというだけなのに、こんなにも大変か。もっとも大変なのは減量。屋根のためには、5キロでも10キロでも軽いほうがよい。せっかく太ったエエ体ヤノニ……。

すっかり忘れていたけれど、我ながらものすごいバカヂカラだと感心しながら、老朽化した物置小屋2軒と塀を10数メートル、壊して燃やしたのは、つい去年の弥生のころだった。ケガの足を引きずっていたから、

ノロノロ作業だった。3週間くらいかかった。その間むろん無収入。母子はいったい何を食っていたのか……。

私の住む街が今回の震災で被った害は、激震地の比ではない。それでも被災地に入るたびに、崩れた家屋に自分の家が重なって見える。

1本の柱、1枚の壁板、くぼんだ鍋……ほとんどが生かされず捨てられる。人にも物にもむごい。しばらくは何も手がつかないほどつらかった。

ようよう絵を描き、染め物をする。そうしなければ生活できないノダ。焦らねば、だが、毎日十分にはできない。4人息子の末っ子が肝臓病。心は晴れたり、曇ったり。

震災にも病にも、事があれば振り回される。

いっそ、振り回されずして何の人生かな、という日々である。

被災後に見えてきたこと

伊佐田品子（明石市・50代）

大震災から約3カ月。地域全体が大変な思いをしながらも、前向きに少しずつ動き始めた。

今回の災害直後、心底から人のやさしさ、たくましさ、感謝、水、ガス、電気の有り難さなどを感じたが、状況が変わってくるにつれて、いろいろと複雑な思いが混じるようになった。

神戸の地域性は明るく陽気だと言われるが、大切な人や家・家財を失い失意のどん底にあって、食事も思うようにできずに避難所でじっと耐えている人、避難所に入らず（入れずと言ったほうがよいのか）テント生活を続ける人、集団生活になじめずに危険を承知で半壊した自分の家に一人暮らす老人などがいる。被災者の一人ひとりが落ち着いて暮らせる家が見つかるまでには、まだだいぶ時間がかかりそうで、こうした人たちの健康が保てるのかどうか、とても気がかりだ。

先日、「災害弱者」という言葉を耳にした。今回多くの障害者の方々が被災した当初、災害情報が全く得られず、何がどうなっているのかただただ不安の中で数日間も過ごし、その後の情報でようやく避難所に移ったものの、新しい環境と他人との生活に大きな戸惑いと大変さがあったそうだ。

同様に老人や幼児にも不都合なことがいろいろと起きた。避難所にお風呂ができても、介護者が見つからない老人は不安で入れないし、通院その他必要な外出も、ヘルパーが見つからないのであきらめたと聞く。

ふだんの生活では考えもつかないことが起き、多くの生活上の支障をきたし、忍耐をしいていたことが、最近になって取り上げられ始めたのだ。それらへの対応も少しずつ人と人とを結びながら広がっているようだ。しなければならないことや見えなかったことが見え始めている。地域住民がそれぞれの立場で災害とのかかわりを考えながら、安心して暮らせる街づくりの道を歩みたい。世界中から寄せられた多くの温かい支援を忘れないためにも。

2024年

30年後、倉吉より

伊佐田品子（倉吉市・80代）

2002年、住み慣れた兵庫県明石市を離れ、鳥取県倉吉市へ。その14年後（2016年10月）「鳥取県中部地震」に遭遇。マグニチュード6・6（死者0）。人生の後半に、大地震に2度も遭遇。あの阪神・淡路大震災では、激震により生活基盤が全て崩壊。元にもどるまでの、多くの悲惨な記憶を忘れることができない。市やコープボランティア仲間と、災害の恐ろしさを語り、考える貴重な機会となった。あの大地震から30年。倉吉の地域を見ると高齢化がどんどん進み、独居、高齢者夫婦が多く、若く頼れる人は多くない。もし災害が起きたら……と思うと、大きな不安を感じる。出来るだけ自力で判断し、行動をと思うが、現在81才の災害弱者になった。

大災害が次々と起き、行政も対策を講じてはいる。当地では、ようやく2022年10月、市の防災マップが初めて各家庭に配布された。その後、町内80世帯総出の避難訓練をし、最近は年1回、住民の点呼訓練が行われるようになった。

子どもの公園遊園地の中に湊町防災センターが設置され、防災グッズを収納。また、住民のつながりづくりのため、公民館の隣の空き家を譲り受け、交流の場にしようと整備が終わった。今後の動きを楽しみにしている。９月には、防災行政無線のエリアトークの受信機がリニューアルされた。

災害のないことを祈るが、万一の場合には一住民として、生存につながる行動をとりたいと切に思う。

震災その後

三田光代（神戸市・40代）

1月17日の震災で私の家は全壊してしまいました。1カ月の避難所暮らしを経て、今は相生市で何とか暮らしています。今回の震災のことや、今の相生市での暮らしか何かを書こうとしても、思うようにはなかなか書けません。1月から今までのことは、私の心の中で整理できていないのだと思いました。

先日も、半分取り壊された我が家を見に行って、たまらなくなってしまいました。三年間飼っていた犬も震災で死んでしまったのですが、家を見るとまた思い出してしまいます。時間が経てばもっと冷静に考えられるようになるだろうとは思っています。

さて、今私が一番考えなければいけないのは、建て直す家のことです。

以前の家は連棟（いわゆる長屋）で、敷地の割には広い家だったのですが、今回取り壊したことによって建ぺい率を守って建てなければならなくなって、それはそれは、せま〜い家しか建ちません。神戸市の住宅規制課に「何とかなりませんか?」と相談に行ったのですが、「あなたのところはまだ家が建つのだから文句を言われては困る。建たないところはいっぱいある」と言われてしまいがっかりです。一緒に行った隣人が、「何か抜け道はないのですか」と聞いたので私はびっくり……。そんなことを市に聞いても……。

とにかくこれからはローンは二重になるし、狭くなるし、大変なことになりそうです。外国ではいろいろな救済法があるようですが、日本は冷たいなあ……。

そして、今戸惑っているのは田舎での暮らし。バスは一時間に一本しかありません。タクシーもなかなかつかまりませんから、とにかくバスに乗り遅れたら歩くしかない、という感じです。

また、引っ越した翌日、近所の人に「大きな荷物がなかったようですが、ひょっとしたら被災地からですか」と聞かれてショックを受けてしまいました。田舎では、人の行動がチェックされているようです。

子ども（小学校4年生）も学校での生活で戸惑うことが多いみたいで、「ここはコミュニケーションの取り方が難しい」なんて言います。

これからもいろいろなことがあると思いますが、まあ、何とかやれそうかなって気もしているこのごろです。

2024年

あれから30年　何も変わっていない

三田光代（神戸市・70代）

阪神・淡路大震災から30年もたったのに、私の中では過去の事になっていません。災害があると、体育館に避難している被災した人々を見ると、気持ちが30年前にタイムスリップします。私も小学校に避難して、暖房のない部屋で震えていました。

この国は30年たっても、何も変わってないと悲しくなりました。

第5章　こころとからだ　震災報道

震災と性暴力

正井禮子（神戸市・40代、ウィメンズネット・こうべ）

震災から数カ月間、神戸の街は本当に暗かった。たくさんの家がなくなり、街灯もなく、夜の闇が支配していた。そんな時あちこちでレイプ事件の噂《うわさ》を聞いた。あってもおかしくない。そう思った。通りに人けも少なく、廃墟のようなビルがあちらこちらにあったからだ。しかし、兵庫県警はレイプは1件の報告もない、デマだと打ち消した。新聞にも全く報道されなかった。神戸の市民は我慢強く秩序を守っていると外国のメディアからも称賛された。しかし、事実はどうだったのか。もし噂が本当で多くの女性たちが泣き寝入りさせられているとしたら悔しいと思った。何もなかったかのように忘れられたら、女はたまらないと思った。

事実を知りたいと、私たちは7月になってようやく「性暴力を許さない　震災と性暴力」の集会を開いた。そこへさまざまな情報が寄せられ、やはりたくさんのレイプ事件が発生していたことがわかった。震災直後から3月までが特に多いが、東灘区を中心に37件もの報告（ＣＨＩＥフィニッシングセミナー研究所報告）を聞いた。神戸市全体ならその2～3倍はあるのではないだろうか。通勤、通学途中の20代の女性たちを解体現場に引きずり込み、しかも複数犯による犯行が多かった。

お風呂に入りたい女の子たちを複数で誘ってのお風呂ツアーなどは、最初からワゴン車を用意して実に計画的である。「レイプは女性の心を殺す」と言っても過言ではない。2件は警察に届けたが、「あんたの将来のために黙って忘れたほうがいい」と説得されて帰されたとのこと。しかし、それで彼女たちの傷は癒《い》えるのだろうか。決して忘れられないと思う。公的機関への相談は調べてみたがなかった。公的機関は敷居が高いのかもしれない。やはりこんな大きな災害時には、医療や心のケアがそろった民間の女性救援センターが必要だったような気がする。

私たちは震災後、女性のための電話相談を開いた。そこに寄せられる電話には夫からの暴力の訴えが多かった。例えば、10年のローンの残っている自宅が全焼し、それ以来、夫がお酒を飲んでは毎晩のように殴る、蹴るの暴行を働く。セックスを強要する。

そう訴えながらも、「耐えられない私は、わがままな女ですか？」と聞く妻たちが悲しかった。震災で男たちが職を失い、いらいらしている状況も理解できる。でも、だからといって人を、たとえ妻であろうと殴ることは許されない。

2Kの仮設住宅に一家5人なんてケースはざらにある。ただでさえ、いらいらするだろう。震災後、街並みは復興しても不況そのものはなかなか好転しない。仕事がなかなか見つからないと聞く。そんな状況が長引くにつれて、狭い仮設住宅の中で妻への暴力は増加するのではないかと懸念される。しかし、妻たちには逃れる所がない。つくづく女性たちの駆け込める医療や心のケアがそろったシェルターがもっと各地にあればと思った。

避難者実態調査報告書
(健康の状況)

兵庫県被災者連絡会　1995年10月27日

男女それぞれの図表を比べると、「良い」と「良くない」のクロスが男性では「40歳代」で生じる。しかし、女性の場合、「良くない」が「良い」を上回るのは「20歳代」である。男性よりも、「20歳」ほど早くなっている。また、女性の場合、「10歳未満」でも「良くない」が「良い」を越えている。これらの傾向から、避難生活が男性よりも女性に精神的・身体的影響を及ぼしており、しかもその影響は若年層にも強く現れていると言える。

図1　年齢別健康状況
(女)

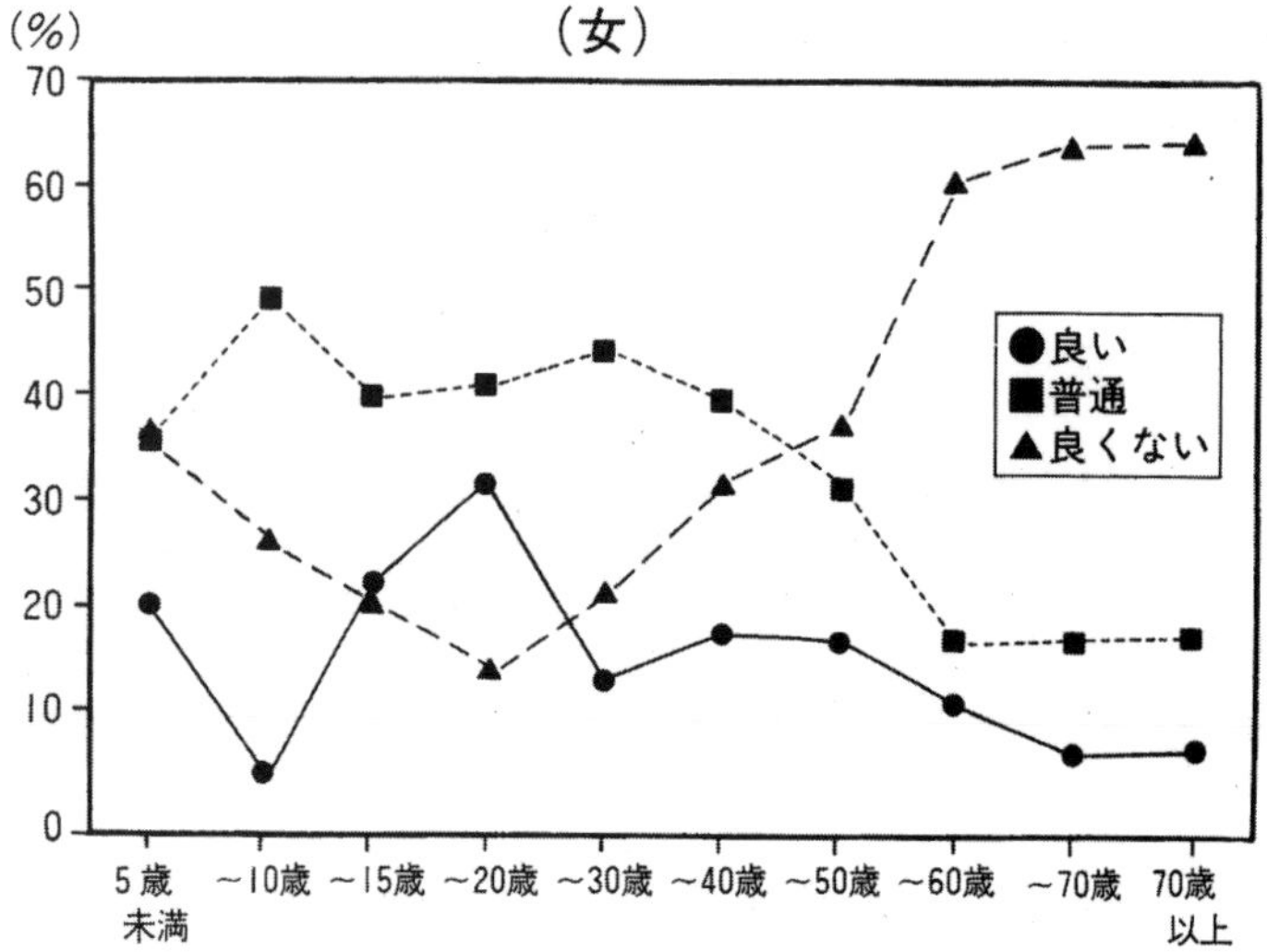

図2　年齢別健康状況
（男）

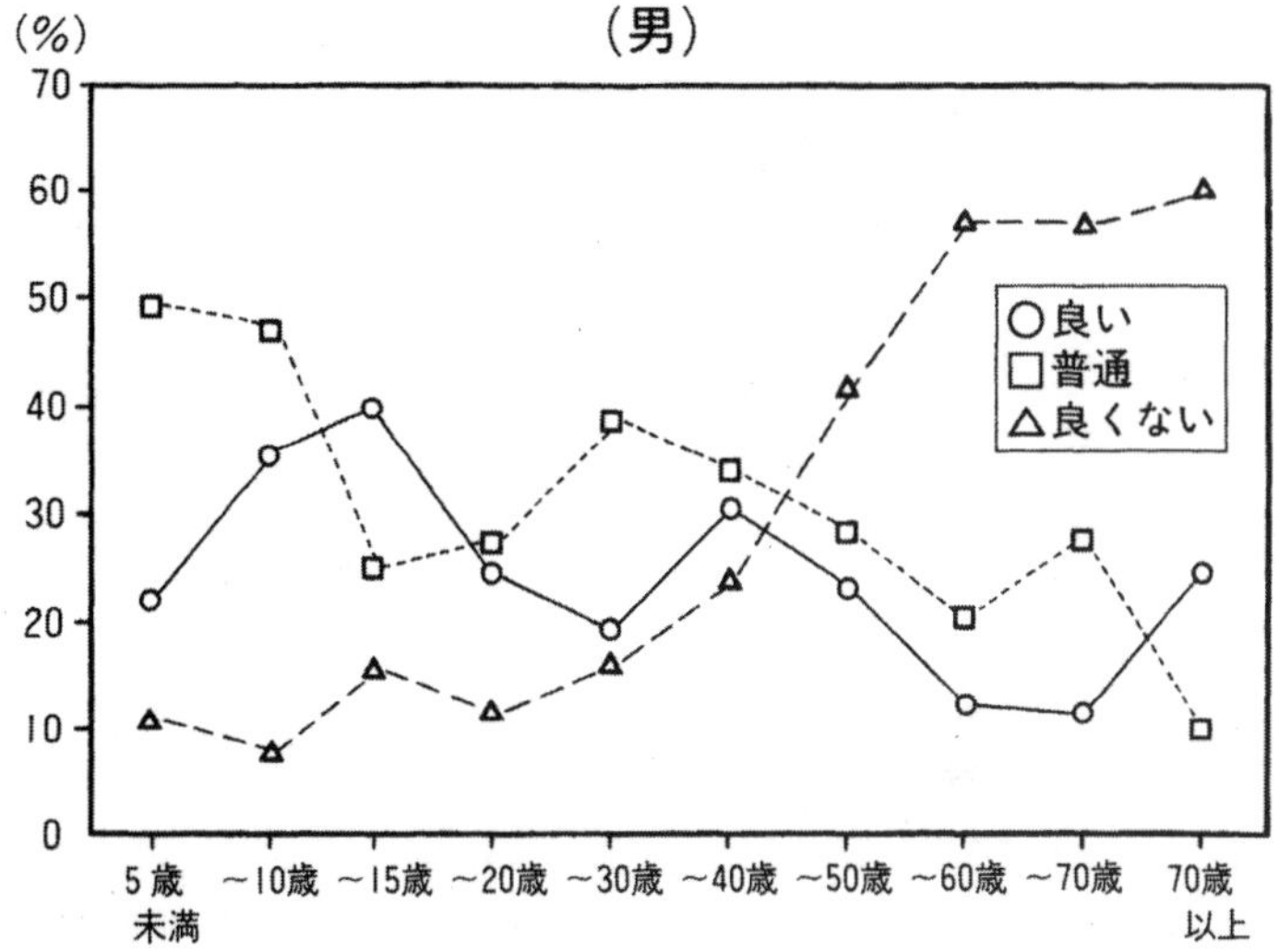

図3　年齢別「良くない」回答者
（男女別）

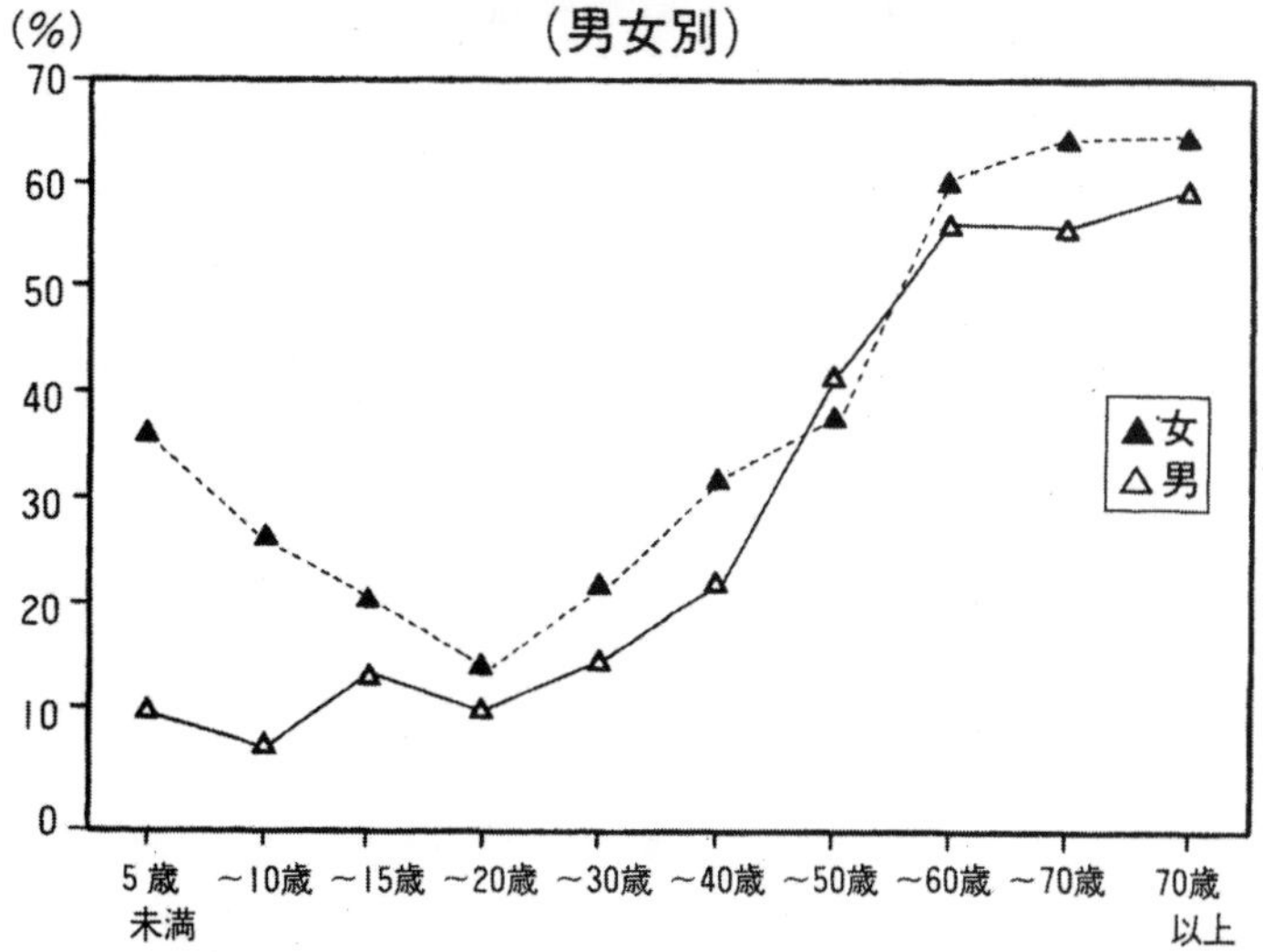

1995年

ストレスからの解放を目指して——保健婦として

赤松彰子（三木市・50代）

震災から3カ月近く経つ。先の見通しが確実なものになったわけではないが、それなりに人々の生活はリズムができたように見える。安定した生活というよりは、あきらめであったり、無欲であったり、束縛であったりするのかもしれない。

ある日、47歳の女性が相談に訪れた。1月の上旬に生理があって以来、なくなってしまったと言う。

「もう更年期になってしまったのですね」という哀しげな声と、ツヤのない髪や肌。ショックやパニックで無月経や生理不順になる場合があることを話した。この震災で、40代から50代の妊娠が増えたのは、生理不順で避妊の時期がわからなかったためと思われる。

彼女には、生活が落ち着いたら受診するように勧める。

「更年期ではないですよね」と苦しげな表情で、再度問いかけられた時、「更年期だったら、どうなのでしょう?」と問い返すと、「もう女ではなくなってしまうのですよね。そんな寂しいこと……」と涙ぐむ。

話がこんな展開になってくると、地震無月経のことよりも、更年期という年代について考えなければならない。相談室を閉める時間にもなっていたし、「とにかく受診の結果がわかったら、もう一度おこしください」と見送った。

その2、3日後、相談の電話がかかってきた。涙声で途切れ途切れに話し、やっと前夜レイプを受けたことがわかる。彼女は大学生で、住んでいたマンションが壊れ、避難所生活を送っているらしい。

ことの成り行きを詳しく聞くためには、公衆電話では無理だし、話せるほど落ち着いてもいない。コイン切れなのか、途中で4、5回切れた。電話をつなぎながらの相談では、ゆっくりと話もできず、とりあえずの応急処置のみを話した。

外傷の有無、妊娠の可能性、ＳＴＤ（性感染症）、これらのチェックのために受診は必要なことである。問題は受診した彼女が、そこで心の傷を癒《いや》せるような対応をしてもらえるかどうか。セカンドレイプにならない配慮が大切であろう。乏しいインデックスの中から2、3の医師をリストアップして、彼女に告げる。今、目の前に彼女がいるなら抱きしめてあげたい気持ちでいっぱいだった。

この2つの相談は、地震があったから生じたことではない。しかし、この大震災でこのようなことは、日ごろよりも多くなっているであろうことは、想像に難くない。このような災害の場合、いつもより大きな被害を受けるのは弱者なのだから。

例えば、住宅のことにしても、倒れたのは古い木造住宅が多く、そこに住むのは貧しい人、高齢者、学生などである。金持ちはしっかりとした家に住み、被害に遭ってもそれなりに対応できる。

女と男の場合を考えても、より雑用に追われ、心労が重いのは女であり、ことレイプにいたっては男の横暴以外の何物でもない。

弱者を支える社会を求める時、この大震災で新しい秩序——弱者（女、障害のある人、高齢者など）を支えるものを、つくって行かねばと痛切に感じた。

今、ショックからの立ち直り、ストレスからの解放を目指して、心のケアが始まっている。

1人でも多くの人が、その情報を得て欲しいと思う。

2024年

女と子どもの問題

赤松彰子（三木市・80代）

「30年」というのは、人生の一区切りという説もある。それに従えば「一区切り」ついたのだろうか？

時々、私用があって新長田（神戸市）へ出かける。若松公園（JR新長田駅南）にある巨大モニュメント「鉄人28号」の力強く振り上げられた拳を見上げる。元気だなぁと……。

しかし、商店街に入ると震災前の元気はない。店舗はできたが、そこに座る人たちはまぎれもなく高齢者。世代交代はない？

私自身は「WACCA」（註1）の活動とは程遠くなり、今や80代後期の老人である。もう、わが身一つをもてあます社会のお荷物となった。しかし「WACCA」は、世代交代をして若い人が働いている。女…子供…の問題は、30年たっても同じ……。地震のせいだけではない！　地震があって表面化しただけともいえる。いつまでも女と子どもの問題を、社会は抱え続けているのだ。

しかし高齢者になった私には、何かをすることよりも、何も迷惑をかけないことのほうが必要になってきた。

「WACCA」の活動の中にも、高齢の女性への支援、分けてもDV被害で独り暮らしになった人たちへのサポートが求められているのは何故だろうか？

「WACCA」はいつまでも必要です!!


（註1）様々な困難を抱える女性や、シングルマザーとその子どもたちの居場所、及び生活再建のための場（神戸市・新長田）。2013年にウィメンズネット・こうべが開設し、相談事業、居場所事業に取り組んでいる。

知ってください

F・M（箕面市・30代、『WANTED』No.18 1995年7月8日号より転載）

事の起こりは阪神大震災。大地を引き裂く音が、一瞬にして何十万の人々の生命、生活、人生を変えてしまった。そして、3月の中旬、ある会合で、小さいけれど、しっかりとした声で聞こえてきた「避難所でのレイプ事件」。保健婦の方から、ショッキングな話があった。

今にして思えば、当然起こりうる性暴力だったが、大震災の被害状況やボランティアの美談ばかりに気を取られていた。また、マスコミも同様の報道しか取り上げないので、私たちには被害に遭った女性たちや子どもたちの叫び声は届かなかったのだ。

神戸方面のある避難所では仕事を持っている夫や男の人たちが出かけた後、男性が入り込み、女性がレイプされた。

止めに入った教師が暴力を振るわれてケガをするといったことや、道を聞いたボランティアの女子学生が半壊の建物に引きずり込まれてレイプされた。さらには、（避難所は夜も電気がつけっぱなしなのだが）トイレへ立った男性が通りすがりに女の子の胸などを触っていくという話（まさに、プライバシーの一片もない生活がここにある！）から、日常的に体育館の裏や倉庫の片すみ、救援物資が積まれた陰での性交（レイプも含まれる）を幼児たちが見ている。

小さな子どもたちがいたずら（パンツを脱がされたり、触られたり）されても、それが何なのか気付かない。性被害は男・女を問わず、子どもたちに否応なしに振りかかっている。

これらの事柄は、１カ所でというのではなく、いろいろな場所からの報告で、比較的小さな避難所で、リーダーシップを取る人やボランティアがあまりいないような場所であることがわかっている。それが世間やマスコミの目に触れることを遅らせているようだ。また、当事者さえも言えないでいる。長期化する避難所での生活が、ほぼ固定化しつつある中で、そこでしか暮らしていけない人たち（身寄りがない、仕事がない、仮設住宅に入れない）の、やり場のない焦りやいらだちが同じ避難所の女性や子どもたちに向けられてしまう（顔見知りの男性からのレイプは意外に多いという）。弱い者がさらに弱い者をなぶる構造がはっきりと見えてくる。

夫婦関係の危機、中高生のセックス、妊娠、幼児虐待、性感染症の問題……性に関する問題は山のようにあふれている。しかし、あまりにもプライベートで、デリケートな問題としてあるため、被害に遭った女性や子どもたちは声を上げられないでいる。

訴えたり公表することは、すなわち彼女らの生存権すら脅かされる状況にあるのだ。夫に言えず、周りの人々は見て見ぬふり。世間体のため、彼女たちは唇を噛んで黙っているしかないのだろう。これがまたレイプ事件を野放しにしているのだ。野放しになると、またそのような問題は増え続ける。悪循環である。くやし涙がこみ上げてくる。

私たちは「知っている」というだけで、何もできないのだろうか。元「従軍慰安婦」のおばあさんたちが「誰にも迷惑がかからなくなった」と、50年経ってからしか言えなかったように、彼女たちにも気の遠くなるような「半世紀」を待たせてしまっていいのだろうか。一時的な問題ではなく日常的な問題として、性暴力を「命の問題」として私たちで取り組んでいけないものだろうか。

2024年

父が生きられなかった理由を国に問い続ける

藤岡美千代（大阪市・60代）
（PTSDの日本兵家族会・寄り添う市民の会関西支部・NPO法人猪飼野セッパラム文庫理事）

阪神・淡路大震災から30年。「もう30年」なのか「まだ30年」なのか。当時、避難所での生活を見てきたが、本当に過酷な状況だった。加えて、女性や子どもにとって受難の日々でもあった。地震大国のこの国は、今も体育館や公民館で布団1枚が1人の避難生活のスペースで、せいぜい隣との間に段ボールの壁が立てられただけである。プライバシーもあったものでない。

3・11（2011年）東日本大震災、1・1（2024年）能登半島地震の後も漏れ聞こえてくる弱々しい声。女性や子どもたちへの性被害。30年たった今でもこのありさまだ。

「国家の防衛だ」「弾薬の配備だ」と言っては、目の前で災害や生活苦にあえいでいる人々が見捨てられている。過去に学ばない日本国の姿がここにあり、私が今関わっている「ＰＴＳＤ日本兵家族会・寄り添う市民の会」を取りまく同じ構造が見える。

79年前に戦争（第2次世界大戦）は終わったが、復員兵のその後は悲惨である。中には戦争により心を壊され、家族に暴力を振るったり、アルコール依存症や無気力で働かなかったり、幻覚・幻聴に苦しめられた者は少なくはない。それに巻き込まれた家族も苦しんできた。

国は戦時中から「戦争神経症」と把握し、公立病院でも治療していた。しかし、戦後は「皇軍に精神病者はいない」と存在を隠蔽してきた。

また、家族も「家の恥」として隠したし、現在でも「恥」ととらえることは多い。

私の父は3年間シベリアに抑留され、復員後18年たって47歳で自死した。

家の中は暴力の嵐で極貧だった。東京都に暮らす黒井秋夫さんのお父さんも復員後、無気力で働けず、家庭は貧しかった。それが戦争トラウマによるＰＴＳＤだと気づいて、２０１８年に前述の「家族会・市民の会」を立ち上げた。現在私も活動中である。

国にこうした家族があることを訴えると、国は実態調査をすると答えたが、「戦争中に精神疾患をしたものに限る」としている。これは戦後になってＰＴＳＤを発症した父たちを切り捨てるということか。この国はどこまで弱者を踏みつけ、無視し続けるのか。

私は粘り強く、父が生きられなかった理由を国に問い続ける。

1995年

何が変わったのか？——わが胸の想いから

佐々木緋紗子（明石市・40代）

あの震災から早2カ月も過ぎ、何が変わったのか？

今日からJR東海道線が全線開通になった。家の割れたガラスが直った。昨日屋根が直った。

周りの景色が変わっていく。少しずつ、少しずつ……。

しかし、忘れたくないことがある。

そっとしておいて欲しい。心配する気持ちはわかるが、人は大変な経験を経た後、1人でボーッとしていたい時がある。

「どうですか？ 大丈夫？ どうですか？」

毎日、毎日の電話。時には凶器にもなる。相手の状況などお構いなしに鳴るベルの音に、耳をふさぎたくなる。精神的に疲れていた時の電話は有り難迷惑。そんな時には、手紙でのお見舞いの方がうれしかった。

布団をかぶって、じっとテレビを見つめる自分。ただ、ただ、涙を流すだけの自分。

そんな自分がもどかしいが、動けない。

ボランティアへ行きませんか？

炊き出しをしてくれませんか？

被災地を見て、体験したことをレポートに書いてください。

なぜ人に問うのか？　ボランティアとは人に言われてするものだろうか。わき上がってくる想いに突き動かされて、自ら動く、それがボランティアじゃないのか。そう思って、私は動き出せなかった。


誰に言われたわけではなく、「行こう」、そう心が決めた時、廃墟と化した町を歩いていた。

これは現実なのだが、夢の中の出来事のようだった。

何千人の無念の死。一人ひとりの魂に想いをめぐらせるのは、あまりにもつらすぎる。だから、想わない。考えない。いつか、何年か経って、町も修復されて、何が変わるのか。何が変わったのか。

しかし、忘れたくないことがある。

2024年

豊かさの追求の果てに

佐々木緋紗子（京都市・70代）

1979年スリーマイル島の原発事故、そして1986年のチェルノブイリ。当時、世界は放射能汚染の脅威にさらされることになった。その後、2011年東日本大震災における福島原発の爆発の放射能汚染により、住民が故郷を追われることになろうとは……。先ごろ福島第一原発で崩壊した燃料デブリの取り出しがやっと始まったというが、12年経っても全く事態は改善していない。その中で、原発回帰の機運が高められようとしている。

1995年、阪神・淡路大震災の際は、傷つきながらも立ち上がる中に、人々の善意と希望が見えた。ボランティア元年といわれるように、この時に他人をいたわる精神が育まれたように思う。しかしコロナ禍で簡単には移動ができなくなり、度重なる災害にも助けの手が届きにくくなってしまった。近年、大規模な山火事、干ばつ、猛暑や豪雨などの被害が頻繁《ひんぱん》に起こっている。どれもこれも現代社会の「豊かさの追求」から生まれている。

先日、「プラスチック農家」という事態を知った。先進国は大量のプラスチックごみを海外に輸出してきた。

その中で、インドネシアのある村で「プラスチック農家」と呼ばれる人々がいるという。政府の規制の穴をつき、プラスチック廃棄物を買い取り、農地に広げて乾燥させ、揚げ豆腐工場に燃料として売る。村では、揚げ豆腐工場の黒い煙がもうもうと立ち上る。これが現代の農業だろうか？

近隣地区の鶏卵からは基準の80倍のダイオキシンが含まれているという。揚げ豆腐工場で、1日中煙に巻かれて働く人々の姿に衝撃を受けた。

豊かな生活を享受するためのツケは、常に底辺の暮らしを余儀なくされる人々の犠牲の上にある。原発など各施設もしかりである。産業のあまりない地域に、交付金と引き換えに建設を推し進めてきたのだ。

スマホの新機能がどうの、ティックトックがどうの、おごりに満ちた世相に、これで良いのか？　と自身の生活も含めて考えざるを得ない。

1995年

報道が伝えたもの、伝えなかったもの

和田明子（豊中市・50代）

1月17日の大地震は地球が暴れ出したのかと思われるほどの衝撃を私たちに与えた。今年は桜の花も咲かないのではないかと思っていたが、自然は正確にいつもの季節の移り変わりを見せてくれている。

新聞に毎日出ていた大震災の犠牲者の数字も、いつのまにか目にしなくなってしまった。テレビは今、どのチャンネルもオウム真理教事件をセンセーショナルに報じている。

大震災の直後、交通網がズタズタになり、電話も通じなかった中で、私たちはテレビの映像から何とか情報を得ようとした。

私の家は一部損壊程度の被害で済んだが、近所には半壊した家、引っ越して行った人がたくさんいた。自分の住んでいる町のようすを知りたくて各チャンネルの震災報道を追いかけていたが、豊中市の情報はほとんどなく、後になって、大阪市内の人からさえ豊中がそんなにひどかったとは知らなかった、とよく言われた。それほど報道は神戸に集中していた。もちろん最も被害の大きかった神戸の情報が多くなったのは当然のことだが、被災した人たちの不安や恐怖感は地域によって異なるものではなかったと思う。

報道されなければ、なかったことにされてしまうメディアの怖さ、力を教えられた。そして、メディアにとっては震災も「画」になる「光景」に過ぎないのかと思われるほど、各局が同じ場所を何度も何度も取材していた。

あのような大惨事の時、東京から来たレポーターの解説など必要だったのだろうか。それよりもっときめ細かく、各局が協力して各地のようすを知らせてくれるほうが私たちに役立つ情報が得られただろう。

しかしテレビが活字と違うのは、その「光景」自体がメッセージを持っている点だ。ボランティアの人たちの働く姿からは男女の役割を超えて協力し合い、一つのことに取り組んでいる熱い感動を伝えてくれた。

避難所の生活を紹介していたある番組では、ベビーシッターをしている男子学生が、幼児のおむつを替え、避難所では食べられないだろうからと餃子を時間をかけて作っていた。

彼はごく自然に、当たり前のこととしていた。

読売新聞のコラム（１９９５年2月20日夕刊）に、ある男性の学者が「……フェミニズムのいう役割分担の否定はいかに非力なものかを阪神大震災は教えた。あの大震災の後の仕事でごく自然に男も女も役割分担を引き受けていた」と書いていたが、現実は逆であることを私たちに見せてくれた。極限状況の中で困っている人に、性別や人種などに関係なく手を差し伸べるのは人として当たり前のことだ。

震災後、父親が見直された、家族の絆が強くなった、などと男に都合のいいことが強調されているが、崩れつつある自分たちの価値観、男社会のシステムを守るためにあらゆるものを必死に利用しているように見える。

1995年

こんな暴言は許せない！

I・T（神戸市・30代）

このコラムを目にして、阪神・淡路大震災に乗じてフェミニズムつぶしをたくらむずるい男の声が聞こえてきた。

ガレキに埋まった人をただ眺めていた女性はいなかったし、炊き出しや弱者へのサポートをしていた男性の姿はあちこちで見かけた。

震災で感じたのは、混乱の状況の中で動き出せたのは、性別役割などは関係なく個人としての差のほうが大きいということだった。

この学者は、本当に被災地に来て書いたとはとうてい考えられない。私は、この記事を読んで大震災が、マスメディアのできあがったシナリオ（フェミニズムをバブル思想とする）に利用されたとさえ思える。その先棒かつぎをする学者の論には、権力を持つ男たちの都合のいい方向への引き戻しが見える。

不況の時にも、最初に就職難の影響を受けたのは女子学生であり、パートの女性労働者である。こうした女性が経済力を持つことを困難にする構造は変えていくべきなのに、自然災害の苦境にある女性たちの心を傷つける発言は許しがたい。

和田さんとI・Tさんが反論している大学教授のコラムの概略

フェミニズムを指してバブル思想と評した人がいた。

フェミニズムがバブル経済華やかなりしころに躍り出てきて男どもをやっつけ、言いたい放題言っていただけということを指しているようでもあり、あるいは、新左翼くずれフェミニストが、ソ連など社会主義国崩壊にもかかわらず、その上に立つ頼りなさへの冷笑でもあるようだ。

その当否は知らない。しかし、フェミニストが強く主張している〈性別役割分担の否定〉、そのことによる人間の解放という思想が、いかに非力なものであるかということを教えたのは、阪神大震災であった。

たとえば「動ける男の方は、埋まった人を掘り出しますから集まって下さい」とアナウンスすると、避難所の男たちがたくさん走っていったという話が伝わっている。

なぜ男が必要であったのか。それは筋力が強く救出に向いているからである。男が女よりもすぐれているという理由ではなくて、仕事の内容に合っていたからなのである。

このように、あの大震災のあとの仕事において、非常に自然な形で役割の性別分担がなされている。男性は力仕事に、女性は炊き出しや介護に自然とかかわっている。

こうした性別役割分担は、フェミニズムが言うような、社会的抑圧とか歴史的制約といったむつかしげなものではなくて、生物的本能という素朴なものに根ざした知恵というのが事実であり、人間はすなおにそれに従って行動している。

大震災による現実は、机上の空論ごときは、まさにバブルとして吹きとばす強い存在である。

1995年

人間性を保つ

山本麗子（宝塚市・40代）

冬枯れの街に突如として現れた色鮮やかなブルーシートの波、波、波。地震の爪痕を覆い隠しながら歴然と被害の地点を示している。3カ月が過ぎ、不自然な青色が柔らかな新緑にとって代わり、空き地が目立つようになった。跡地は整地され、生活のにおいのするものは何ひとつ残されていない。出勤時には確かに目にした家が、帰宅時には跡形もない。疲れた足取りをいっそう重くする胸の痛む光景である。

時間の経過と共に自分の中で地震の占める比重も変化している。

幸いにして自宅は被害を免れた。書架が二つ倒れたのみである。しかし、職場は何から手をつければいいのかわからないような有り様だった。壁に走る無数の亀裂、室内や路上に飛散したガラス片、一様に同じ時間を指して止まった時計などが、記憶の底に沈殿物のように堆積している。

地震当日、テレビは停電でただの四角い箱になり、ラジオだけが唯一の情報源だった。

メディアの発達は私たちの感覚を視覚的に拡大してきた。音声のみでは、なかなか映像が浮かばない。

田舎からの電話はうわずった声で、神戸市街の火災や高速道路の倒壊の様子を知らせてくる。被災地の只中にいながら、状況に真実味を持てない。遠隔地にいて映像で擬似体験している両親のほうが、危機感に襲われている。

日常生活に必要な情報は届かず、追い討ちをかけるような被災地の映像の洪水。カメラアイで局部肥大した映像に慣らされると、感覚がまひし、言いようのない強迫観念に襲われる。

それは情報を送り出す側、受け取る側双方に言えることである。

私たちは、宇宙の塵だって見られる時代に生きている。その際限のない欲望が人間の尊厳を踏みにじったり仮想現実と現実との差異を認識できない感性の鈍化を引き起こしている。

あらゆるものが情報化されていく中で、人間性を保つ最後の砦として感性を大切にしたい。

自ら考えることを怠らずに

山本麗子（宝塚市・70代）

「五風十雨《ごふうじゅうう》」穏やかな気候は豊かな実りをもたらしてくれる。が、時として自然は猛威を振るう。天災は忘れたころにやってくると言い慣わされてきたが、今はどうであろうか。雨が降れば線状降水帯、風が吹けば竜巻と各地で甚大な被害をもたらしている。

地震も阪神・淡路大震災を体験した身には、生涯で二度とあいたくないと思っているが、この30年間には東北をはじめ日本各地で発生し、今年1月の能登半島の地震では季節も同じ冬ということもあり、記憶が生々しく蘇った。

今また、最も恐れていた南海トラフ巨大地震の注意情報が発せられるようになった。あらかじめ予測されるならば注意喚起し、備えを万全にするしかない。

しかし、その頼みの綱となる情報の真偽のほどを判断することが難しい時代になった。人工知能や情報通信技術の発達により容易に扱えるようになったことから、自然災害情報もあたかも被災地の状況であるかのごとく合成され、救援要請の誤報が発せられていると報道されている。こと人命にかかわることだけに見過ごすわけにはいかない。

災害のみならず、日常生活においても誹謗中傷記事が集中・拡散され、匿名性のもつ安易さからか、同調する行為は情報の線状降水帯のように特定の個人にふりかかり、心身への苦痛は計りしれない。

人は言葉を交わして意思疎通し、関係性を保って生活している。言葉はその人の来歴のなかで醸成され、洗練されて相手の心に響くものとなる。紙に書くことや会話の間合いは言葉に対する思いを巡らすことができるが、即時性を求められる画面上でのやり取りでは瞬時に反応し、熟考されることもなく相手に届けられる。暴力的な言葉の扱いにも麻痺してしまうことが恐ろしい。人々の生活を豊かに便利にしてくれる様々な技術は、日常生活になくてはならないものとなっている。

技術は、あくまでも人が理性をもって活用するものであることを忘れてはならず、人や社会を脅かすものにしてはいけない。

座談会　地震から半年が過ぎて

阪神・淡路大震災を通して、さまざまなことが見えてきた。特に女の視点から感じたこと、言いたいことがたくさんある。地震から半年が経った今、もう一度振り返って、その思いをまとめておきたい。本づくりにかかわった「ウィメンズネット・こうべ」のメンバー五人が集まり、胸のうちを自由に語り合った。（1995年6月22日於・兵庫県立女性センター）

●参加者

相川康子／明石市。神戸市の職場が全壊。新聞記者。震災後5月にできたウィメンズシンクタンク「ユイ」の運営スタッフ。

いなだ多恵子／神戸市垂水区。自宅一部損壊。非常勤講師。1994年夏、外国人女性労働問題を考えるNGO「アジア女性自立プロジェクト」をスタートしたばかり。

正井禮子／神戸市須磨区。ウィメンズネット・こうべ代表。震災後6月の市議選にて惜しくも次点。「女たちの家」を1994年4月に開いた。

柳川理恵／姫路市。震災で叔母と従姉が死亡。女性問題懇話会リベルテ主宰。

山崎昌子／伊丹市。自宅半壊。共著に『家庭にひそむ農薬』。『兵庫発女の伝言板』編集長。日本消費者連盟関西グループ世話人。

いまだに忘れられない恐怖感

正井◆あの大地震から6カ月たって、被災者たちの間では、心理的な差がどんどん大きくなっていくみたいね。

山崎◆それは避難所の閉鎖に伴って、ますます広がると思う。

正井◆先日、西宮のマンションで被災して茨木市（大阪府）へ移った40代の人がいまだに、ひとりでいるのが不安で、学校から子どもが帰って来ると落ち着くと言ってた。近所の人にそれを話しても「茨木も震度4で怖かった」とか「半年も過ぎたのにおかしい」などと言われて、震度7の私の気持ちはわかってもらえないと。

いなだ◆大阪や京都の人たちも同じ地震を経験して、お互いに怖かったという気持ちがあるけれど、やっぱり違う。自分の不安や怖さは言い出しにくい。地震後1週間ぐらいから、大変だったねと言えても、すでに日常に戻れるほどに回復しているし。だから、私の場合は、自分よりも大きな被害を受けた人の前では話せなくなってしまう。宝塚の避難所に行っていた60代の男性は「半年経っても、まだ地震を背負っている。次の生き方に向かわなくてはと思っても気力が伴わない」と話していたわ。

山崎◆3月に東京から仕事で来た人と話して、「かなりすごい被災地を回ったけど、これからはサバイバルよね」という言葉を聞いて、やっぱり違うんだなと。あの時は、サバイバルなんていう気持ちすらわかなかったから。実際に地震を経験している人といない人との差なのかなあと。

いなだ◆関東の友人に「登山歴が長く、テント生活を経験しているから大丈夫でしょ」と言われて。
山崎◆それは違うわね。
いなだ◆そうなんですよ。水がない、風呂に入れない、食料が限られているということだけとは全然違う。自分自身、日々過ごすのが大変というか、体が動いてくれないというか。だから、正井さんが洗濯機を避難所に届けたと聞いて、すごいなと思った。

▼2月16日に女性支援ネットワークを発足させ、洗濯機を集めて避難所へ送る活動をスタートし、約120台の洗濯機を送った。ほかに自転車・バイク・テレビ等も。

正井◆私だって、しばらくはボーッとしていて、実際に動き出したのは3月に入ってからですよ。家が全壊した人がいまだに朝の5時に目覚めてしまう、揺れが体から抜けないと言っていたけど、私も家がつぶれそうな実体験は本当に体が覚えてる。
山崎◆満月を見ると、あの時がそうだったとか、近所の家の解体などで揺れたりすると地震の恐怖が戻ってくるわね。

「行き場がない」という現状

正井◆梅雨に入ってから、地震の時につぶれず残った家の解体が次々に始まって。日がたつにつれて、近所の家が壊れていくのを見てる。その壊す時の振動がとっても怖い。地震ではどうにかもった家も、振動で少しずつひびが広がったり、タイルが落ちたり。

相川◆新しい施設や家が建って復興が始まってる。でも、その一方で、家がなくなっているという現象も起きてるのよね。

いなだ◆家がゆがんでいる状態の中で住むと、精神的におかしくなるといわれているし。大きな借金を抱えることがわかっていても、建て直そうと決意してしまう人も多い。

柳川◆日本人は持ち家志向がすごく強い。安い公営住宅が少ないからそうなるのよね。だから土地が高くても売れる。企業は土地に投機して、銀行は長期ローンをつくる、悪循環ですよね。そんな大変な思いをして手にいれた家が地震でつぶれてしまったら、当然ダメージはすごく大きい。

いなだ◆私の知っている人は、ゆがんだ家には戻りたくないって、避難所からしばらく戻って行かなかった。地震の前は、家をきれいに磨くほど大事にしていたのよ。

正井◆行政がどこかの施設を避難所として借り上げるというようなことは、無理だったのかしら。

相川◆私も同じ思いがある。いくらお金がかかっても、できなかったのかと。

柳川◆被災者の数が多かったから。でも、どこかの企業が船やゴルフ場の施設などを貸すと申し出たのに、どうして断ったのかしら?

山崎◆行政側から言わせると、被災者間に格差ができるから駄目だということ。

正井◆現状を見て欲しい。避難所の廊下に寝なくてはならない。移動するにしても人をまたいで。「ホームレス」と言ってはいけないって言うけど、実際に家を失って行き場がないという状態なんだから。

柳川◆姫路の仮設住宅は、半分くらいしか入居者がいない。それも職がない人とか、お年寄りが多い。

相川◆政策がもっとはっきりしていたら、遠方でも行く人が出たでしょうね。例えば、2年後には安い公団などをつくるという保証があって、元の場所に戻れるとか。

いなだ◆仮設住宅を必要としていた人はたくさんいた。たとえ、会社が住宅を確保したり、他の場所にいる身寄りを頼って仮住まいできたとしても。貯蓄をしていて、どうにか住まいを借りられた人たちもいるけど、蓄えがなかったら行き場はないわけよね。

社会階層が露呈した

柳川◆日本人は中流意識が強くて、ヨーロッパのような社会階層はないという思い込みがあった。だから、これまでは現状が見えていなかったけど、震災によって、それが露《あら》わになったわね。

正井◆一流企業に入っていて、やっぱり良かったという思考がある。それを震災で実感したという感じ。

相川◆すごい行列の中、ある会社の緊急対策本部は社員向けに物資や送迎バスを用意したなど話題になって。そういう私企業が緊急対策とか復興支援のシールを付けて、走り回っている姿を見るのは嫌だったわ。それに、実はそこで女の人がしんどい思いをしている。混乱の最中でも大企業に勤める夫は会社に行かざるを得ない。そして、その夫に頼らざるを得ないという状況。その時の無力感や家庭での力関係が出てきたり。

正井◆身寄りを頼ってとか、愛の絆で結ばれているという「家族幻想を垂れ流しているマスコミ」の正体を身をもって知ったと、ある中年女性はつぶやいていた。役所は避難所の人数が減ったことばかり伝えていたけど。

いなだ◆被災したフィリピン人がテレビ番組で「日本人には家族がいる。なぜ、身寄りのない私たちを助けてくれないのか」と話しているのを聞いて、私はすごくショックを受けた。大家族制のフィリピンでは、身寄りがいればどうにかして助けてくれるのが当然。それなのに、避難所は日本人ばかりでフィリピン人には居づらい場だった。

日本はツテがなくて行き場がない、身分保障もない外国人を排除する国なのかと。すごく胸に響いた。

日本は福祉後進国、求められる行政の対策

柳川◆家族がいなかったり資産を持っていない人、再建できない中小や零細企業に勤める人たちが背負うものって、すごく大きい。そういう人々に、すみやかな援助ができない日本って、福祉後進国よね。

相川◆福祉というのは特定の個人を対象にするものではなく、一部の人の問題でもないということを行政側は気づくべきだと思う。今、恵まれている人たちも、30年後に同じような災害に遭ったら、職場に戻れない状況になるかもしれない。また、一人暮らしをしている人もいるだろうし。

いなだ◆家族がいない人や組織に属さない人、そういう枠を持たない立場の人たちにこそ、行政のケアが求められているのよ。

正井◆行政は、家族に被災者を任せるという考え方をするべきではない。一時的には家族が背負うにしても、誰もがそんなゆとりはないし、「この際、仕方がないから同居してしまおう」というケースも多い。結局、女性が高齢者問題をも引き受けることになってしまう。震災でのさまざまな問題も、最終的には女性が尻拭いする。初めのころの復旧作業には男性も加わったけど、目立たないやっかいな作業は、女たちに回ってくる。

山崎◆男たちは、元の日常生活に戻っていく。仕事、仕事って会社人間になっていける。

いなだ◆それでは、働く女たちは?

正井◆職に就いている女性も主婦も、以前にも増して仕事が増えていく。その影響で子どもをたたいたり、幼児虐待が増えたという事例もあるし。震災で女たちはしわ寄せをくった、つまり弱い立場にいる人がより割をくったということ。震災は、みんな平等にきたというわけではなかったのよ。

相川◆逆に平等ではないところに震災がきたとも言えるわね。

山崎◆最近の報道では、震度7の地震が起きたらどうすればよいのかという話ばかり取り上げているけど、平常時に当然なすべきことがなされていないという点を見逃している。そういう面を見直して、充実させることが行政の仕事として大切なはずなのに。

柳川◆例えば公的な建物にスロープがあれば、急遽《きゅうきょ》、避難所になってもお年寄りや障害者が安心して、その施設を使うことができる。

山崎◆ほかに、医療制度の問題も見えてきた。病気持ちの人がどんな治療を受けているのか、どんな薬を処方してもらっているのかなどについて記録してあるものを自分で持っていれば、混乱もずいぶん軽減できたと思う。本来、本人に告知されているべき病気の内容が伝わっていないというところが根本の問題としてある。

正井◆私は〝在宅福祉センター〟がもっと必要だと思った。小学校区内にあれば安心して避難できるから。

山崎◆食事にしても、給食かセンター方式かではなく、自校方式であれば温かい食事がもっと早く用意できたはず。避難していた人たちの中には「学校の家庭科室で調理できないのか」という声もあった。

いなだ◆避難所の機能が適していなかった。流し台ひとつでも提供してくれたらと、被災者が行政側に要求しても認められなかった。炊事は生活の基本なのに……。

相川◆避難所になった学校にはフェンスがあって、周辺から物理的に入れない。防災の意味を持つ場であるはずなのに、閉鎖されている。開かれていない避難所だった。

いなだ◆今回の震災で、どんな住宅が危ないかとか、よくわかった。震災に遭っていない場所を電車に乗っていると、どの住宅がつぶれそうか予想ができる。少し手を入れることで、避難所に行かずに済む住宅の点検とか、自治体ができることだと思う。

ハンディを持つ人の立場に立った社会づくりを

いなだ◆高齢者や障害者に対する防災時のマニュアルは必要ないのかしら?

相川◆静岡の焼津市ではマニュアルがあって、人口10万人のうち5万人が避難すると仮定して、町内会別の規模で部屋の割り振りが決められている。どこそこの小学校のこの教室には、どこの町内会というふうに。消灯も何時から何時までと決まっている。マニュアル至上主義はよくないけれど、ある程度は混乱が避けられると思うわ。

正井◆避難所生活がこんなに長期化するとは予想もしなかったのよ。でも、カーテンで仕切る、どこかのホテルを借り上げる程度のことを決めていれば……。あと避難所のトイレの設置場所も考慮すべきだわ。人目につかない片すみは、女性たちへの性暴力の場になる恐れがある。

いなだ◆資金がある人は大阪のホテルに行ったり、でも企業がホテルを押さえてしまったので、後発組は全然取れなかったみたい。行く所があれば、無理してでも避難所を出たという話も聞くわ。避難所に行ったけど、とにかくプライバシーがない。嫌だけれど、息子の所へ行ったとか。そして、行った先で新たな問題が生じたり。

柳川◆1日でもいいから、市長に避難所で過ごして、実態を知って欲しかったと思う。

正井◆1カ月以上も避難所生活が続くなんて、すごい事態よね。

相川◆今の私だったら、何としても避難所を出て行く方法を探すと思うけど、50年後の自分を考えると、何とも言えないわ。

山崎◆同感。年齢や精神力も関係してくる。避難所を出る力があるかどうか……。

いなだ◆震災のことを知って、日本全国から住まいの提供があったのに、遠方に行く人が少なかった。それは、お年寄りや子どもたちが新天地へ行くのを拒んだということも大きい。

正井◆遠方の仮設住宅が敬遠されたのは、仕事の問題と住み慣れた地域にいたいという気持ちが大きい。地域のつながりがない所に行くのは、やはり不安があるし。

山崎◆ケア付きの仮設住宅についてはどういう状況だったのかしら。

正井◆芦屋市の場合、15所帯にヘルパー（相談員）1人の割合で、月曜日から日曜日まで24時間体制。尼崎市は独居老人12人に対して1人の割合、3人で24時間の交代制。神戸市は何と50戸に1人、月曜日から金曜日までの9時から5時。それで、東灘区では、すでに1人亡くなられた。

いなだ◆50戸なんて、全部回れないわよね。

正井◆そう、ケアする人も介護とかお世話したくても不可能。50戸を見るのでは、管理人としてしか機能できない。だから、神戸市は、ほとんど自立できる障害者に入ってもらうと言ってる。

いなだ◆政令指定都市が仇《あだ》になっている、市の規模が大き過ぎるのよ。

山崎◆神戸市の区の規模は、他の市と同じなのに。区でできることがもっとあるはずだわ。

いなだ◆でも、区に要望しても市に回されるというのが実情。

山崎◆独居の老人が死んで、何日も発見されないということがある。こういう状況って、とてもまずい。

柳川◆結局、それを解決するために、地元の婦人会やボランティアを使うということになってしまう。

正井◆在宅の独居老人を把握しているのは民生委員だから、そこに任せてしまうとか。でも、民生委員が被災したら、どこに聞けばわかるのかしら。福祉事務所は、高齢者のケアは今後の課題と言っているけど……。役割分担の意識が根強くて、問題ですよ。それから、今回の震災でわかったのは、一人暮らしの女性が多いということ。避難所で会った女の人たちは文句を言わずに我慢しているというか、諦めていたけど。

相川◆男性は単身赴任した人も多いけど、女性の場合は避難所から職場に行ったり、大変だった。そのほか、ボランティアで神戸に入れたのは、条件が満たされている人に限られたり、被災者ファッションなんていうのもあって、被災者らしい立場を持たないといけないというような居心地の悪さもあったわね。

柳川◆戦時の自粛と同じような雰囲気?

正井◆補聴器をなくしたから、何も知らないというおばあさんもいたわ。補聴器の無料配布があって、テレビで何回も情報が流れたのに、全然知らなかったんですって。

山崎◆お年寄りには、テレビや新聞で情報を伝えるのは無理、個別の対応で知らせないと。

正井◆それに避難所にいたら、テレビは見ない。新聞のお知らせもほとんど読まないし、必要な情報が必要な所へ届かないのが実情ね。

柳川◆大阪の老人ホームのお知らせは、直接、避難所に張りに行った。

いなだ◆新聞から情報を読んで得られるのは、限られた年齢層だったということ。今回の震災で都市機能が壊れて、自治体が頼りにならなかったので、個人で対処するしかなかった。ハンディを持っている人に自然に手を差し伸べられる社会のシステムづくりが必要だということが今回の震災ではっきりしたわね。

ひとりで生きていくことが難しい人たち、それは乳幼児であり、介護を必要とする老人やハンディを持つ人たち。経済的に自立のしにくい女性たちに、そのサポートを押しつけて成り立っている社会は、とても未熟だといえる。

ひとりでも安心して生きることができる。家族という単位ではなく、すべての個人が公的サービスの対象にされる社会。結婚してもしなくても、子どもがいてもいなくても、障害のあるお年寄りも、誰もが暮らしやすい社会。そんな本当の意味で豊かな社会を目指したい。震災後、私たちが痛切に感じたことである。

「愛」という美名の下で、女性に社会の問題を強いる男女不平等社会ほど、不慮の大災害にもろいものだ。今回の震災の経験を風化させず、今後の日本のあり方に生かしていく。それが私たちにできることなのかもしれない。

ウィメンズネット・こうべ代表　正井禮子　媒体寄稿文

私の一番長い日

カタカタ……FAXの音で目覚めた、あの朝のことは忘れられない。

1996年に雑誌『諸君！』に掲載された「被災地神戸『レイプ多発』伝説の作られ方」が、雑誌ジャーナリズム賞を受賞したというニュース。友人の記者から「あなたがショックを受けるといけないから知らせるけど、気にしないでね」との文が添えられていた。身体中が震え、日本中の人から「お前は嘘つきだ」と後ろ指を指されているような恐怖に襲われた。

1996年3月の「性暴力を許さない」集会の後、女性のライターから取材を受け、その後「被災地で性暴力はなかった。証拠がない、全てデマである」と実名入りでバッシングされた。

記事が賞をとったことで、マスコミは被災地における性暴力を一切報道しなくなった。人権派の弁護士は「名誉棄損の裁判は長くかかる。活動を継続することで名誉回復する道もある。どちらを選んでも僕はあなたを応援する」と言ってくれた。悩んだ末、私は活動を続ける道を選んだ。

1992年、女性の人権を守り男女平等社会の実現をめざしてウィメンズネット・こうべを立ち上げ1994年に一軒の家を借りて「女たちの家」を開設した。夫からの暴力（DV）の相談が次々と入り、駆け込み寺のような活動も始まりつつあった。

１９９５年の阪神・淡路大震災で「女たちの家」を閉鎖。「女性支援ネットワーク」を結成し「女性のための電話相談」や「女性支援セミナー」等の支援を行った。

当時、神戸の街は暗く、避難所や仮設住宅、街の中で性暴力が起きた。しかし避難所責任者は「加害者も被災者や。大目に見てやれ」と言った。教室で複数の家族が暮らすようになると「自宅の整理に帰ってる間に、娘が同室の人から性被害にあった」と嘆く母親もいた。

７月に近畿弁護士会がシンポ「被災地における人権」を開催。資料に「高齢者、障碍者《しょうがいしゃ》、子ども、外国人」の人権はあったが、女性の人権はなく、たった一行「女性が性被害にあったという噂《うわさ》があったが、兵庫県警は1件もないデマであると否定した」とあった。

女性だけでの集会で当事者から仮設住宅での被害体験が語られた。隣の女性が「すぐに警察に訴えたの？」と聞くと「そこでしか暮らせない時に、誰にそれを語れというんですか？」と涙をこぼされた。

１９９６年3月「性暴力を許さない女たちの集会」を開き２４０人もの女性が参加した。その後、前述したようにマスコミによるバッシングを受けたのだ。

２００４年のスマトラ沖地震で被災したアジアの女性団体は、避難所などにおける「女性の安全」に関する調査を行い２００５年ニューヨークで開催された世界女性会議で「被災地における性暴力は重要課題」と世界へ発信した。彼女たちの勇気ある行動によってエンパワーされ、11月に神戸で「災害と女性」～防災・復興に女性の参画を～を開催した。

3・11東日本大震災発生後、東日本大震災女性支援ネットワークを立ち上げ、「災害・復興時における女性と子どものへの暴力」に関する調査を実施した。2020年3月にはNHKがこの調査報告書を軸として、証言記録「埋もれた声　25年の真実～災害時の性暴力」という番組を制作し大きな反響を呼んだ。「ようやく名誉回復できたね」と多くの友人が喜んでくれた。

防災は日常から始まる。災害時の女性への暴力をなくすには、平時からジェンダー平等への取り組みが不可欠である。

（『ウォロ』2024年8・9月号寄稿より）

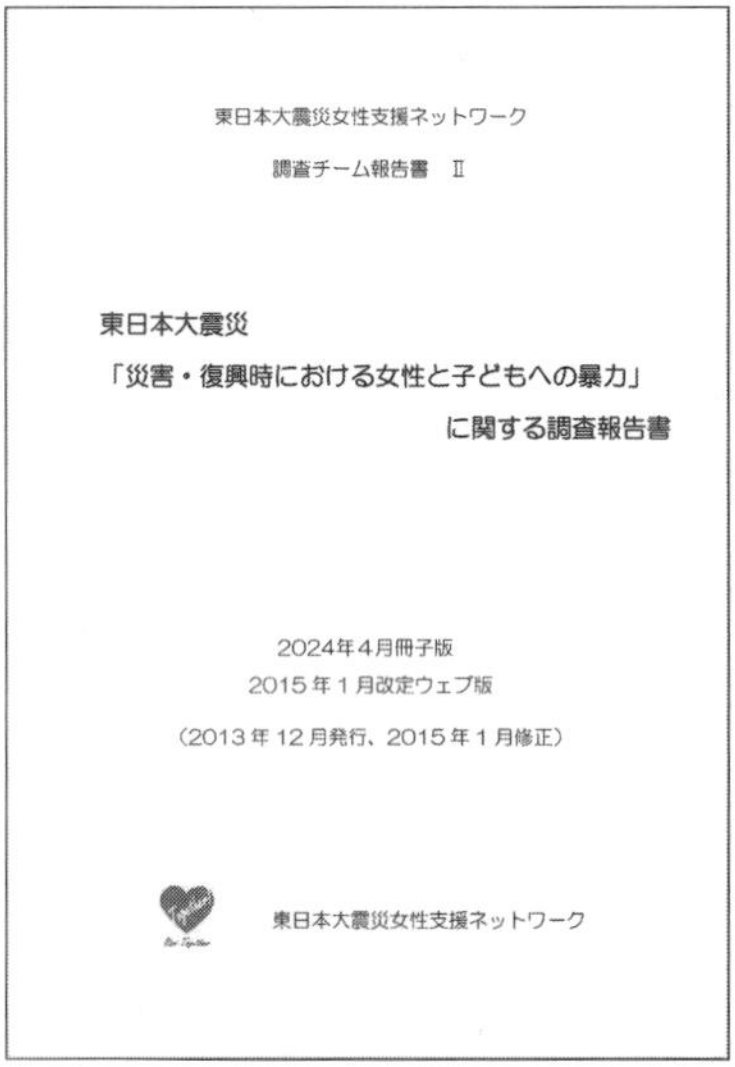
東日本大震災女性支援ネットワーク

調査チーム報告書　Ⅱ

東日本大震災
「災害・復興時における女性と子どもへの暴力」
に関する調査報告書

2024年4月冊子版
2015年1月改定ウェブ版
（2013年12月発行、2015年1月修正）

東日本大震災女性支援ネットワーク

東日本大震災女性支援ネットワーク「東日本大震災『災害・復興時における女性と子どもへの暴力』に関する調査報告書」。
同書は「東日本大震災女性支援ネットワーク」のサイトからダウンロードできる。
http://risetogetherjp.org/?p=4879

災害時の性暴力

電話相談の6割はいわゆるDV。私たちが声をあげなくてはと思った

　1992年、女性の人権を守り男女平等社会の実現をめざして市民グループ、ウィメンズネット・こうべを立ち上げ、94年には女性たちが仲間に出会い元気になれる場として「女たちの家」を開設した。半年を過ぎた頃から、夫からの暴力（DV＝ドメスティック・バイオレンス）に悩む女性たちからの相談が次々に入るようになり、駆け込み寺のような活動も始まりつつあった。

　しかし、阪神・淡路大震災で「女たちの家」は周辺の土地が崩れて閉鎖した。

　震災直後に「女性支援ネットワーク」を結成し、物資の配布、「女性のための電話相談」や「女性支援セミナー」などの支援活動を行った。電話相談の6割はいわゆるDVだった。地震で家や仕事を失い、その上に夫による暴力に苦しむ女性の多くが「皆さんが被災して大変な時に、こんな家庭内のつまらないもめ事を相談する私はわがままでしょうか?」と言われた。

　当時、神戸の街は本当に暗く、避難所や仮設住宅、街の中で性暴力が起きた。避難所で性被害が起き、県の職員が現場に行くと、避難所の責任者から「加害者も被災者や。大目に見てやれ」と言われて驚いたという話があった。

　教室で複数の被災家族が一緒に生活するようすを、マスコミは「昔からの大家族のように助け

合って暮らしている」と伝えたが、更衣室もなく「安心して服を着替えることもでけへん。めちゃ、腹立つねん！」と泣きながら話す女性や、「自宅の整理に帰ってる間に、娘が同室の人から性被害にあった」という母親もいた。

7月には神戸市内で近畿弁護士会主催によるシンポジウム「被災地における人権」が開催された。配布された資料に「高齢者、障碍者、子ども、外国人」の項目はあったが、女性の人権はなかった。女性はケアする役割はあるが、支援の対象ではないのかと思った。

震災から1年たった頃、女性だけでの集会で、ある女性が仮設住宅での性暴力の被害体験を語られた。別の女性が「すぐに警察に訴えたの？」と聞くと「そこでしか生きていけないときに、誰にそれを語れというんですか？」と涙ぐんでおられた。私は、このようなことを許せない、当事者が声をあげられないのなら、私たちが声をあげなくてはと思った。

1996年3月「性暴力を許さない女たちの集会」
「全てデマである」といったマスコミバッシング

震災の翌年、1996年3月に阪神間の女性団体が集まって「性暴力を許さない女たちの集会」実行委員会を結成し「神戸・沖縄　女たちの思いをつないで～私たちは性暴力を許さない！」という集会を開いた。240人もの女性が参加し、終了後は「性暴力を許さない！」「女のNOは

ＮＯ！」「夜の街を安心して歩きたい」等のプラカードを持ってデモ行進した。

ところが、その後、一部マスコミから、「被災地で性暴力はなかった。証拠がない、全てデマである」といったバッシング（攻撃）を受けた。「性暴力を許さない」と声をあげたことだけで、何故、これほどに叩かれるのかと深く傷ついた。

さらには「もし、性暴力が真実だったとしたら、それを明らかにしたことは、被害者をさらに傷つけるセカンドレイプだ」とも書かれた。「なかったことにすべきだったのか？」と私自身が迷いと不安に陥ってしまった。その記事が雑誌・ジャーナリズム賞を受けたことで、新聞やテレビ等は被災地での性暴力に関しては全く報道しなくなった。

その後、毎年のように被災地では防災フォーラムが開かれたが、壇上には男性がずらりと並び、女性たちが災害時にどんな困難を経験したかということは問題とされず、残念だなと思いながらも、もう災害について何も語りたくないと10年間沈黙することになった。

２００４年12月スマトラ沖地震発生。「被災地などの性的暴力は緊急課題」と世界へ発信した被災したアジア諸国の女性人権ネットワーク

２００４年12月のスマトラ沖地震発生直後に、被災したアジア諸国の女性人権ネットワークは、避難所などにおける女性の安全に関する実態調査を行い、国に「避難所の運営に女性を参画させよ、

女性のプライバシーを守れ！」と提言した。

国が対応しないと2005年2月にニューヨークで開催された「北京＋10」の会議で「被災地などの性的暴力は緊急課題である」と世界へ発信した。2005年11月に神戸で「災害と女性」～防災・復興に女性の参画を～という集会を開くことができた。

彼女たちの迅速、かつ勇気ある行動によって（私は）エンパワメントされ「阪神・淡路大震災を女性の視点から検証しよう」と呼びかけ、2005年11月に神戸で「災害と女性」～防災・復興に女性の参画を～という集会を開くことができた。

その後は全国各地で講演活動を行うようになった。

1990年の5月にアメリカのサンタ・クルーズ市がまとめた「1989年の災害後の女性への暴力影響調査」がある。報告書には、

①レイプは日頃は顔見知りの犯行が殆《ほとん》どである。しかし災害時は行きずりの犯行が多くて3倍300％に上った。

②地震は暴行が引き起こすのと同じ絶望的無力感を引き起こし、過去の性的暴行や性虐待のトラウマに苦しむ女性からの相談が25％増えた。

③過剰責任から児童虐待がとても増えた。

④夫・交際相手による暴力（DV）が増え、保護命令の申請が50％も増えた。

とある。

結論として「災害後、女性に対する暴力が増加することを予測しておくべきであり、防止活動が災害救援の中に組み込まれなくてはならない」と書かれている。

報告書は全米、カナダの危機管理機関に送られ高い評価を得たとのことであるが、1995年以前に日本に届いていなかった。

その後、インターネットで調べると「災害後の女性への性暴力や夫・交際相手による暴力（DV）」に関する世界各地の調査報告があったが、日本の調査報告はなかった。

これには愕然《がくぜん》とした。


2011年3月11日東日本大震災発生後、5月に東日本大震災女性支援ネットワーク発足。「災害・復興時における女性と子どものへの暴力」に関する調査実施

3・11東日本大震災発生後、米ミシガン大学社会福祉学大学院教授の吉浜美恵子さんから「女性への暴力被害調査をしませんか？　流言飛語《りゅうげんひご》（デマ）だと言われないためにも」という電話があった。

その後、オックスファム・ジャパン（Oxfam Japan）からも「女性への支援を考えているなら資金提供します」との申し出をいただいた。このような経緯で、5月に東日本大震災女性支援ネットワークが発足し、女性の人権問題に関心のある団体や個人が繋《つな》がり、資金協力も得て「災害・復興時における女性と子どものへの暴力」に関する調査を行った。

ただ、調査に関してアジア諸国も含めて諸外国では、災害発生後、早期に避難所での聴き取り調査などが実施できているが、日本の場合、避難所や仮設住宅の運営がほぼ男性で占められており、調査に関する理解を得ることが極めて難しかった。今後、改善すべき課題である。

調査は、被災地における女性や子どもへの暴力の実態を明らかにし、今後各地で予測される災害時の暴力防止に向けての取り組みに活かしていける貴重なものとなった。

夫・交際相手による暴力（ＤＶ）、性暴力被害ともに、被害が発生した場合は、被害者が加害者から離れることが安全と安心につながる。いくら相談窓口があっても、その後の行先が見えないなかでは被害者は声をあげただけでさらに危険な状況になる恐れもある。安心して相談できる窓口とともに、加害者と離れた地域で、安心して暮らすことができるように新たな住宅の提供や経済的支援などの制度が必要である。防災は日常から始まる。女性が暴力に苦しむことのない社会を築くには、社会におけるジェンダー不平等をなくすことと両輪でなくては不可能である。

２０２０年3月ＮＨＫがこの調査報告書を軸として、証言記録「埋もれた声　25年の真実〜災害時の性暴力」という番組放映

２０２０年3月ＮＨＫがこの調査報告書を軸として、証言記録「埋もれた声　25年の真実〜災害時の性暴力」という番組を制作し大きな反響を呼んだ。あきらめないで声を上げ続けたら、

誰かに届くのだということを実感することができた。全国に広がるフラワーデモ（花を身につけて性暴力に抗議する社会運動）のうねりが、番組制作の後押しになったのだと感謝している。

フラワーデモ神戸の集会でも「あったことをなかったことにしたくなかった」という声を毎回のように聴く。この言葉によって、25年前のバッシングで受けた心の傷が癒《いや》されるのを感じている。

防災は日常から。災害時に女性の人権を守るためには、平時におけるジェンダー平等が不可欠

防災は日常から始まる。国の報告によれば、内閣府は避難所運営などに女性への配慮を求める通達を出していたが、被災地で認知していた自治体は4分の1、それを現場に実施するようにと伝えた自治体は4・5％。このことを、女性たちは検証すべきである。現在、ジェンダーギャップ指数は148カ国中118位、日本の女性の国会議員比率は約9・9％、148カ国中113位。社会の仕組みをつくる意思決定に女性があまりに少なすぎる（数字はいずれも、2021年時点）。

災害時に女性の人権を守るためには、平時におけるジェンダー平等が不可欠。これからも、同じ思いの人たちとゆるやかに繋《つな》がって社会を変えていきたいと思う。

（「国際女性デー2021」2021年3月8日寄稿原稿より）

【参考資料】

『女たちが語る阪神・淡路大震災』（ウィメンズネット・こうべ編、木馬書館、1996年）

『災害と女性』資料集（ウィメンズネット・こうべ編、2022年・3刷り）

『被災地における性暴力』～防止・対応マニュアル（ルイジアナ性暴力防止財団発行、ウィメンズネット・こうべ翻訳、2009年）

「災害と女性情報ネットワーク」 https://wn-kobe.or.jp/bosai/index.html?t=domestic_violence

「東日本大震災女性支援ネットワーク」 http://risetogetherjp.org/

「減災と男女共同参画研修推進センター」 http://gdrr.org/

男女共同参画局「災害対応力を強化する女性の視点」～男女共同参画の視点からの防災・復興ガイドライン～
http://www.gender.go.jp/policy/saigai/fukkou/guideline.html

明日に向けて

特別寄稿

明日に向けて　配慮から参画へ

池田恵子（いけだ けいこ）

減災と男女共同参画研修推進センター共同代表
静岡大学グローバル共創科学部教授
専門は、社会地理学。南アジアの災害リスク削減をジェンダーの視点から研究。東日本大震災以降、日本の地域防災にジェンダー・多様性の視点を導入する研修や調査に取り組む。

配慮は進むが、参画に遅れ

阪神・淡路大震災から30年、防災や被災者支援に女性や多様な人々の視点を取り入れることには、一定の進展がみられている。

しかし、詳しくみると、この進展には偏《かたよ》りがある。大災害が続くなか、実際のところ、防災・災害対応の現場は何がどう変わったのか。この間の変化を要約するなら、「計画やマニュアルに対策が記載されるようにはなったが、災害時に実践されるまで定着するのはこれから」、「女性への配慮はある程度進んだが、女性の参画はこれから」である。

防災や被災者支援における男女共同参画の視点とは何か。防災基本計画や男女共同参画計画では、「男女のニーズの違いに配慮すると共に、女性の参画を促進する」というように、性別や立場の違いを意識した対応を行うと同時に、政策・方針決定過程と防災の現場に男性だけでなく女性の参画とリーダーシップを拡大することの両方が求められている。

内閣府男女共同参画局は、「男女共同参画の視点による防災・復興ガイドライン」（2013年、2020年改訂）や「女性が力を発揮するこれからの地域防災～ノウハウ・活動事例集」（2022年）で具体的な施策やノウハウを示した。

それらにおいても、平常時の備えから始まって、避難所運営、物資、復興・防災まちづくりなどの場面で、配慮と参画の両方の施策が提示されている。

配慮と参画の両方をセットで取り組むことには明確な理由がある。災害時の人権問題や特定の状況にある人々に必要な支援が届かない問題は、配慮の欠如によって起こるものであり、できる立場にある人が配慮すればよい話ではないかと考える人もいるだろう。

「やる気のある男性が、更衣室や女性用品、安全対策など、女性に配慮したことを提案、実行すればいい」。はたして、そうだろうか。

女性に限らず、本人たちを抜きにして、どう配慮すればよいか考えても、的を射た質の高い災害対応になるとは限らない。政策や現場での方針に多様な意見を反映できてこそ、災害対応の視点や発想を豊かにし、多様な視点で備えることが可能となる。

特定の人々を「配慮が必要な人」と一方的に客体化し、主体性を認めないことは、防災を自分ごととみなせない人々や、立場の弱い集団をわざわざ生み出すようなものである。災害時に配慮を要する人々は多岐にわたる。多種多様な立場の被災者へ、どうやって配慮するのか。誰が配慮するのか。女性や多様な立場の人々の参画を促すことは、担い手を増やすことでもある。

防災・復興におけるジェンダー・多様性視点の導入状況について全国レベルの変化を、「2008年全国知事会調査」および「2017年度女性・地域住民から見た防災・災害リスク削減策に関する調査」(註1)と内閣府男女共同参画局の「ガイドラインに基づく地方公共団体の取組状況調査」(2023年)(註2)の結果を比較しながら見てみよう。

地方自治体の施策のなかでも、避難所の設備や備蓄で大きな改善が見られている。2008年と2023年の状況を比較すると、避難所が開設されたら授乳室や更衣室を設けると定めている市区町村は、5%前後から80%前後へと飛躍的に増えた。生理用品、乳幼児用オムツ、サイズを考慮した高齢者用オムツを常時備蓄している市町村も、それぞれ15%前後だったものが70%前後へと隔世の感がある。これら顕著な進展が見られたのは、「男女のニーズの違いに配慮する」施策に該当するものである。

一方、女性が意思決定の場に参画するための施策は遅れがちだ。

まず、地方防災会議の女性委員比率は、2008年に都道府県で平均3%に過ぎなかったのが、2023年には22%に、市区町村でも3%から11%へと増加したが、ここ数年は横ばいである。

図1　避難所運営に関する指針に記載がある市区町村の割合(複数回答、%)

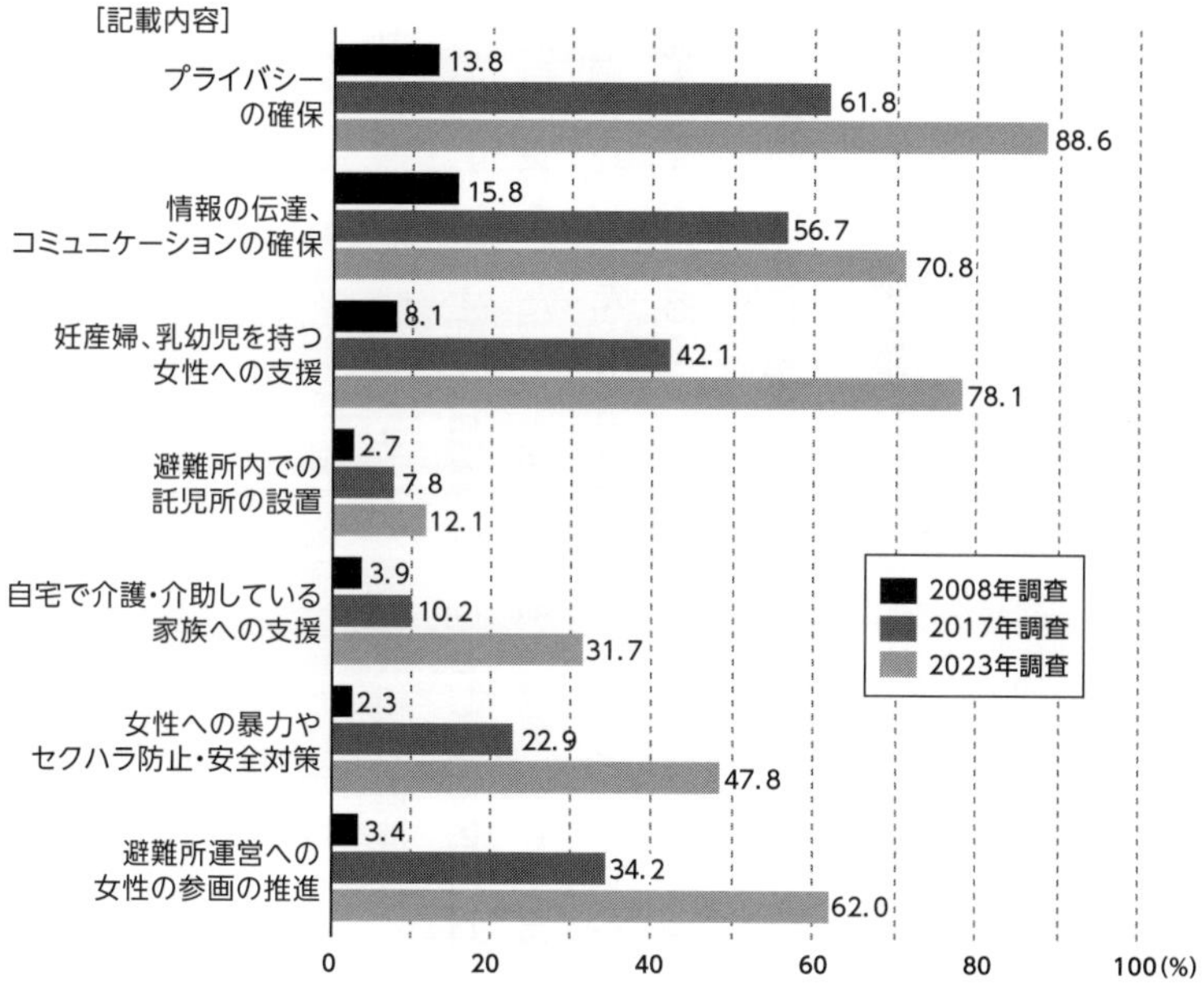

出典：註1、および註2

女性が一人もいない防災会議は、都道府県ではゼロに、市区町村でも62％から16％へと減少したことは前進ではある。しかし、行政の危機管理担当部署への女性職員の配置が進まない。女性比率は、都道府県では、２００８年の約７％から２０２３年に12％へ、市区町村では約6％から約11％へと増えはしたものの、改善のスピードは遅く、約６割の市区町村で女性の職員がゼロである。

自主防災組織を中心とした地域コミュニティの取組の進捗は、さらに遅い。２０１７年の調査では、役員に女性がいない自主防災組織は、回答した市区町村の42％を占め（結成率は73％）、約40％の市区町村は無回答だった。自主防災組織の役員に女性を増やす施策がある市区町村は、１００（約９％）に過ぎなかった。２０２３年調査では、役員に女性を増やす施策を実施している市区町村が30％へ増えていることから、今後の進展に期待したい。

施策はあるが、実践はこれから

では、実際に発災した際に施策は実行に移されていたのだろうか。先述の内閣府男女共同参画局による取組状況調査（２０２３年）によると、２０２３年中に６１３の市区町村で災害対策本部が設置された。このうち、災害対策本部の構成員に男女共同参画担当部局の長、または男女共同参画センター長もしくは職員を配置したのは47％に過ぎなかった。

同様に、５４１の市区町村で避難所が開設された（短期間のみ、避難者が少数などの事例を除く）。

図2　市区町村の防災会議の女性委員、および防災・危機管理局の女性職員の割合(%)

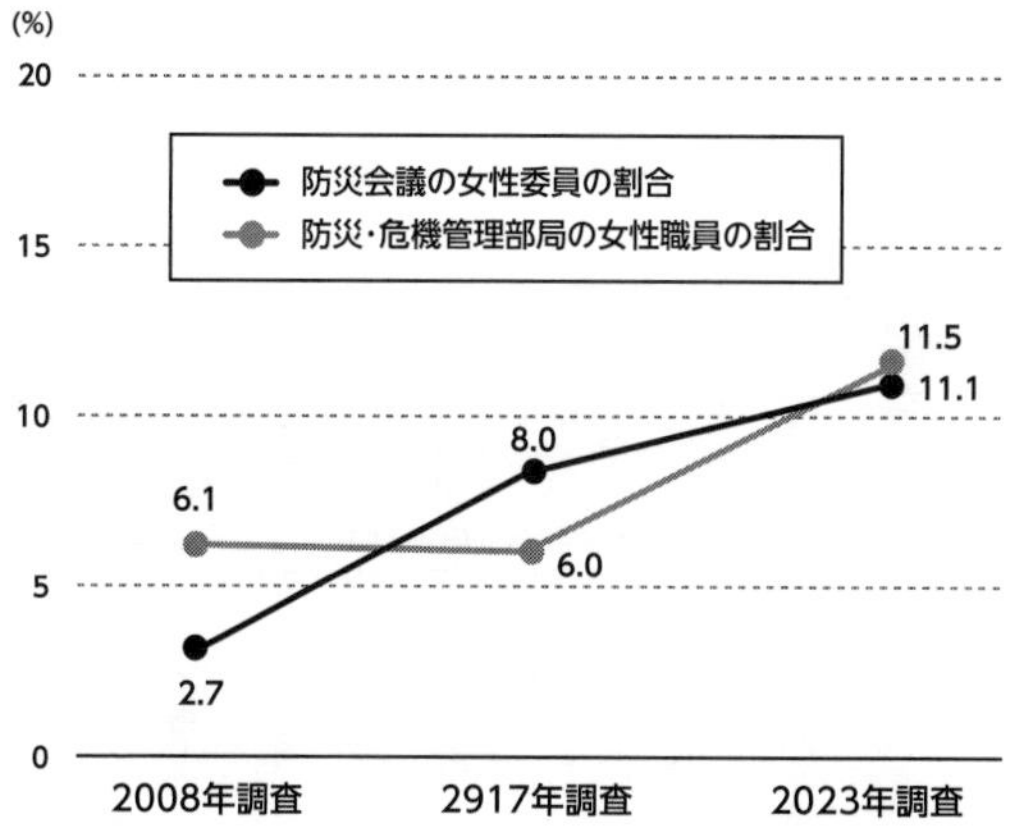

出典：註1、および註2

しかし、男女別の施設・設備（更衣室など）の設置を依頼した市区町村は、災害対策本部の構成員に男女共同参画担当者がいた場合でも9％に過ぎなかった。一方、避難所の運営体制に女性が参画するよう配慮した市区町村は、災害対策本部の構成員に男女共同参画担当者がいた場合で46％、いない場合は13％に過ぎなかった。女性、男性、育児・介護を行う世帯等の多様なニーズの把握を行った市区町村は、災害対策本部の構成員に男女共同参画担当者がいた場合で13％、いない場合は4％だった。つまり、計画文章に記載があるからと言って、施策が実践されているわけではない。また、災害対策本部という意見を言える場に男女共同参画関係者が参画しているかどうかによって、施策が実践される可能性が大きく異なるのだ。

被災地の女性たちが力を発揮

一方、災害時に、被災地の男女共同参画センターや女性団体が、独自にジェンダーや多様な被災者の視点で支援活動を行った事例では、大きな成果があった。熊本市男女共同参画センター（はあもにい）は、その典型的な事例である。熊本地震（2016年）の際、熊本市内各地の避難所を回り、男女共同参画の視点からアドバイス等を行う「避難所キャラバン」を実施し、男女共同参画の視点からの環境改善活動、性暴力・DV防止啓発、避難者自立支援講座や親子支援を行った。

九州北部豪雨（2017年）では、地域の女性グループと保育士・助産師たちが「朝倉災害母子支援センターきづな」を開設して、産後間もない母親と乳幼児の命と健康を守る活動を立ち上げ

**図3　男女共同参画関係者・女性職員による災害対策本部への参画別
避難所の開設・運営にあたり行った男女共同参画の視点による取り組みの実施
（2023年に避難所を開設した541市区町村、％）**

下記のグラフは、「災害対策本部の構成員に男女共同参画担当部局の長、又は男女共同参画センター長を配置した」、「災害対策本部や下部組織（避難所対策チーム等）、事務局組織に女性職員、男女共同参画担当部局、男女共同参画センターの職員を配置した」のうち、両方、どちらか片方、もしくはどちらも該当しないかについて区分したもの。

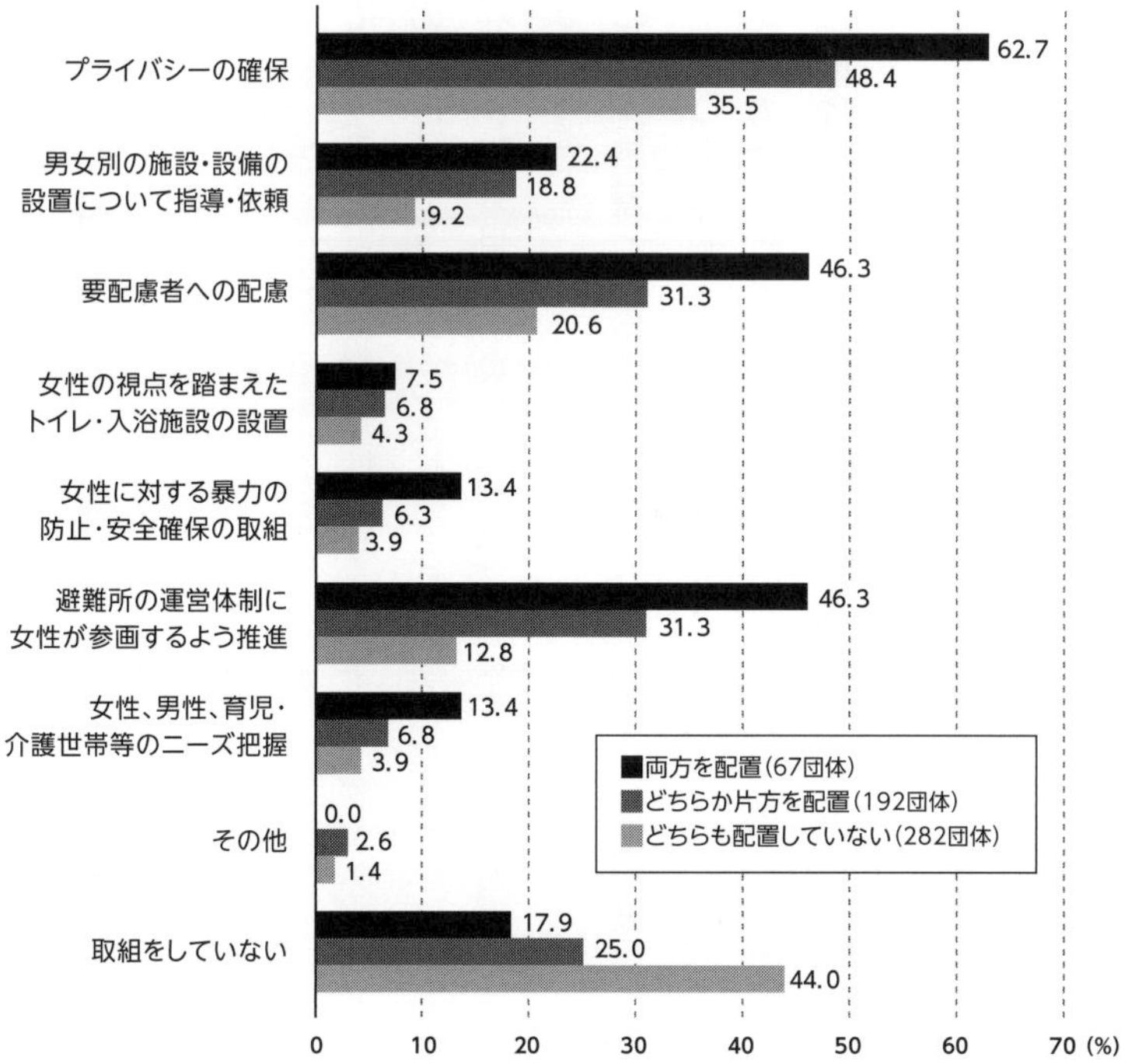

出典：註 1、および註 2

ている。2024年能登半島地震でも、職場に避難者を受け入れ、避難所の運営や炊き出しを担い、託児などの活動を行った女性たちはいる。女性は災害時にリーダーシップを発揮し、地域全体の被災の苦しみを軽減する力を持っている。

女性防災人材育成の成果と課題

ここ数年、地域防災の現場では災害対応や防災に女性のリーダーシップが必要だという認識は高まり、防災活動や大災害時の支援活動を主導する女性たちは確実に増えている。しかしながら、行政の危機管理部署や地域の共助を担う自主防災組織をはじめ災害関係の組織には、責任ある立場に女性は非常に少ないままである。

自主防災組織は町内会や自治会を基盤とすることが多いため、元々女性が役員に就きにくいという問題がある。女性も男性と並んで防災活動のリーダーシップをとれるようにはなっていない。実際には女性たちは地域の活動を下支えしているのだが、意思決定の場に女性は非常に少ない。また地域組織には強固な性別役割分担があり、女性たちが炊き出し訓練に専念していることもある。

一方、全国各地で女性を対象にした防災リーダー養成講座が実施されている。行政と共同して地域の町内会にも声をかけて女性の視点で避難所開設訓練を実施したり、女性防災倉庫（災害時に届きにくい女性用品、乳幼児・介護グッズを専門に備蓄）を設置したり、地域の女性たちの防災への関心を高めるためパッククッキング（断水時に有効な調理方法）の講習を行うなど、多彩な女性グループが地域で活動を展開している。障がい者団体と自治会が共同して行われた避難所の宿泊訓練にママ友を誘って子連れで参加した女性は、その後独自に防災学習グループを立ち上げた。このような事例は、多くの都道府県から聞かれている。

女性防災研修の受講者たちは、活動の開始当初こそ、女性ならではの被災時のニーズ（災害時のケア活動の継続、トイレ、女性用物資、性暴力防止など）に関心を持つ傾向があるが、活動を継続していくうちに、防災活動全般、地域全体の被害軽減を自らが意思決定すべき事象とみなし、備える主体へと変わっていく。そして、女性だけの活動には一定の意義を見出しつつも、地域の中心的な防災活動へ参画していくことを望んでいる。

地域コミュニティの側でも、災害対応や防災に男女共同参画・多様性配慮の視点が必要だという認識は徐々に高まっている。それが地域の隅々まで行きわたるには時間が必要だろうが、地域組織の側でも女性のリーダーシップが「必要ない」とは言えない状況は生まれてきている。

明日へ向けて

今後、災害とジェンダーをめぐる取り組みの焦点は、災害時に女性たちが直面する困難の実態把握と、問題が容認され放置される社会的構造の理解、施策の提示、必要性の周知といった段階から、施策を定着させ実践する段階へと歩みを進めなければならない。

気候変動の影響により気象災害も激化している。一方で、社会の側も人口急減・超高齢化の局面を迎え、一人暮らし高齢者世帯が増加しており、地域防災の担い手も高齢化が進んでいる。ハザードの傾向も社会そのものも変わったことが明確な現在、防災の担い手も変わっていかねばならない。

言葉から行動へ。配慮から参画へ。これは簡単なことではない。これからが、防災分野の男女共同参画の真価が問われる大事な段階だと考える。

（※この原稿は、池田恵子、２０２３、「言葉から行動へ―男女共同参画視点の実質的導入に向けて―」、『ビオシティ』93号、26～33頁の一部を改訂して作成した。）

後註

（註１）内閣府男女共同参画局、２０２４、「ガイドラインに基づく地方公共団体の取組状況調査（令和５年）
https://www.gender.go.jp/policy/saigai/fukkou/chousa_r05.html

（註２）大沢真理（編）『防災・減災と男女共同参画：２０１９年２月１日 第30回社研シンポの要旨：「２０１７年度女性・地域住民から見た防災・災害 リスク削減策に関する調査」報告』東京大学社会科学研究所研究シリーズNo.66
https://jww.iss.u-tokyo.ac.jp/publishments/issrs/issrs/pdf/issrs_66_01.pdf

まとめにかえて

まとめにかえて

「不平等な日本社会に対する阪神の女たちの怒りと悲しみと不屈の精神がほとばしり出ていて、読むものの心を揺さぶらずにおかない」と、『女たちが語る阪神大震災』(1996年刊)の帯に、胸が熱くなるような文章を書いてくださった作家の吉武輝子さん。

このたび、30年前にウィメンズネット・こうべの会報『女のネットワーク'91』(1995年2月26日号)に寄稿くださった文章が見つかりました。既に鬼籍に入られた吉武さん、ご冥福をお祈りするとともに、ここで紹介させていただきます。

神戸市の姉妹たちへ

吉武　輝子

芦屋に生まれ、神戸市の須磨区で育ったわたくしにとっては、阪神大震災は64年の人生の中で最大の衝撃的な出来事でした。

神戸に比べたら、東京は山がない、海がない、文化がないと東京に生まれ育った女たちから顰蹙《ひんしゅく》をかうほど誇りにもし、自慢にもしてきた神戸の信じがたい崩壊ぶりを映像でみるたびごとに、故郷を失ったことへの言葉に尽くせぬ悲しみがひたひたと胸に迫ってくるのです。

そのたびごとにまざまざと思い浮かんでくるのは、過去、神戸の素敵な女たちが招いてくださった講演会で出会った女たちの、未来に夢を託した生き生きとした美しい表情です。

あの女性たちの中にも、沢山の方々が被害にあわれたことだろう、その方たちがいまどのような思いを抱き、どのような暮らしをなさっておられるのだろうか――そう考えると居ても立ってもいられぬ思いがし、できたら一人、一人にお目にかかり、しっかりと抱き合って、励まし合い、勇気づけ合いたいという思いに駆り立てられるのです。

それと同時に、激しい怒りがわきあがってくるのです。阪神大震災の被害の大きさは、確かに人間の予測を越えた自然の暴力のすさまじさがもたらしたものであることは事実です。しかし、あそこまで被害を大きくした今一つの原因は、自然の中で営まれる生活を、軽視し、国益や企業の利益を最優先させ続けてきた、まさに男の論理に起因すること大であるとわたくしには思えてならないのです。

男の論理に貫かれた政治や行政に欠落しているのは、まさに後始末の思想なのではないでしょうか。

多くの男たちは、家庭でも地域社会でも職場でもやりっぱなしの後始末をすべて妻や主婦や女子社員たち、女に押しつけてきました。

この後始末の思想の欠落した男たちの都市作りや、行政のあり方が、被害を増大させ、ライフラインの大崩壊をもたらしたのではないでしょうか。

現在、神戸市に復興の気配が見えはじめたとマスコミが報じ始めています。

しかし復興を男任せにしていては、またまた二の舞を踏むことになる。神戸市の真の復興に必要なのは、神戸市の女たちに備わっている後始末の思想だとわたくしは考えています。

復興の主役は女たちです。どうかどうか持ち前のシスターフッドを全開し、勇気と英知と感性をもって復興のために立ち上がってください。愛する神戸市の姉妹のためなら労は決して惜しみませんから。東京から心からなるエール送ります。

（1995年2月）

『女たちが語る阪神・淡路大震災』（1996年・刊）

おわりに

マスメディアが流した美しい「家族幻想」からこぼれ落ちた女性たちの思いを拾い集めて一冊の本をつくりました。震災後、まだ大変な時期に原稿を寄せてくださった方々へ、心よりの感謝を申し上げます。阿住洋子さん（広島市）、隅田明子さん（兵庫県加東郡）、N・潤子さん（岡山市）、三田光代さん（相生市）、新しい土地に慣れましたか。避難所や仮設住宅から原稿を送ってくださったみなさん、有り難う。その後お元気ですか。インタビューを引き受けてくださった森本なおりさん、山本美恵さん、取材に協力してくださったもりき和美さん、「被災労働者ユニオン」のみなさん、有り難うございます。

テント村で大変な生活の中、いい本をつくってくださいねと快く資料を提供してくださった

「兵庫県被災者連絡会」の河村紀子さん、有り難うございます。長い避難所生活が、女性たちの心と体にどれ程の負担をかけているか想像され、つらいです。

最後に私たちの本を世に出してくださった木馬書館の嶋崎純子さん、ほんとうにご苦労さまでした。


ウィメンズネット・こうべ『震災を女の目で記録する会』

『女たちが語る阪神・淡路大震災　1995―2024』（2024年・刊）編集を終えて

100年先に届ける本

来年はあの震災から30年、年が明けてそう思いました。

ウィメンズネットが存在し、代表は変わることなく正井禮子さん、30年前を知る私もいる。被災地の女たちの30年の歩みを今、後世に遺すべきではないかと考えました。

出版が決定するまでに相談にのり、背中を押してくださった何人もの方々、手記を送ってくださった30年前の方々、貴重な特別寄稿をくださった方、嬉しかったです。ありがとうございました。

本一冊　編みて　勲章　わが胸に　飾る喜び　ひとり微笑む

ウィメンズネット・こうべ　田坂美代子

「女たちの家」から「六甲ウィメンズハウス」への30年の歩み

ウィメンズネット・こうべは、1991年に兵庫県に女性センターをつくる会のメンバーが中心となって、自分たちでも女性問題の学びの場をつくろうと1992年に発足した小さな市民グループだった。

1993年の春に「女たちの家」を開設した当時、マスコミ報道で知った西日本各地の女性たちから「私には帰る家がない」という声が寄せられた。阪神・淡路大震災という大きな災害を経験し、女性の貧困は住まいの貧困に繋《つな》がることを痛感した。

高齢女性や母子家庭の貧困率の高さは今も変わらず、若年女性も含め、住まいに困る女性の数は増えている。震災後は、困難を抱えた女性と子どもの支援が団体のメインの活動となって今日に至る。さまざまな活動を展開し、継続できたことについて、関わった全ての人や支援者の皆様に心より感謝を述べたい。

2024年6月、長年の夢であった「六甲ウィメンズハウス」を開設。困難を抱える女性や母子が「ここにしか住めない」ではなく、「ここに住みたい」と思える家をつくりたいという長年の夢を実現できた。(神戸学生青年センターとの共同事業で、コープこうべが旧女子寮を提供)

30年前に、「女たちの家」に寄せられた「私には帰る家がない」という声、DV被害女性から

「私たちは、暴力か貧困しか選べないのですか」という声に応えるため、「安心、安全と尊厳を守る暮らしができる住まい」を提供し、その後の生活再建を支援したいと思っている。NPOと企業が連携して社会貢献の建物をつくる、このような取り組みが全国に広がり、国の施策にもなって欲しいと心から願っている。

今後も日本各地で災害が起きることが予測される。繰り返し「防災は日常から始まる」ことを伝えたい。日頃から、全ての人の人権が尊重される、ジェンダー平等社会の実現が減災に繋がる。これからも、粘り強く、多くの人々と共に歩み続けたい。

出版のきっかけを作ってくださった１００３《センサン》（神戸市中央区の独立系書店）の奥村千織さん、出版社ペンコムの増田ゆきみさん、連絡調整・編集を手伝ってくださった田坂美代子さんに、心から感謝を述べたい。

認定ＮＰＯ法人女性と子ども支援センター　ウィメンズネット・こうべ　正井禮子

２０２４年11月１日

認定NPO法人女性と子ども支援センターウィメンズネット・こうべのあゆみと受賞歴

1992年	男女平等社会の実現を目指す女性グループとして、「ウィメンズネット・こうべ」発足	
1994年	「女たちの家」開設（阪神・淡路大震災により閉鎖）	
1995年	阪神淡路大震災発生 「女性支援ネットワーク」立ち上げ 「女性のための電話相談」開設	
1996年	DVに関する学習会を開始 自助グループ「コスモスの会」発足 集会「わたしたちは性暴力を許さない」神戸・沖縄 女たちの思いをつないで　ゲスト　落合恵子さん	
2001年	「DV被害者支援・サポーター」養成講座開催	
2002年	「DV被害者サポートライン」開設	兵庫県社会福祉協議会「元気アップアワード・グランプリ」受賞
2003年		ジョイセフ「加藤シズエ賞」受賞
2004年	女性と子どものための緊急一時保護施設（シェルター）開設	
2007年	NPO法人格を取得 学校現場で「デートDV防止授業」開始 「シングルマザー支援及び仲間づくり講座」開始	
2013年	女性と子どもの支援と仲間づくりのための居場所「WACCA」開設 困難を抱える女性の支援及びシングルマザーの子どもを対象に学習支援開始	「第6回ゆめづくりまちづくり賞」受賞　国土交通省 井植文化賞受賞（社会福祉部門）

2015年	認定NPO法人資格取得 フードバンク関西、フリーヘルプとの協働事業で、「子ども元気ネットワーク関西」発足	
2016年		（公財）社会貢献支援財団より「社会貢献者表彰」受賞
2017年		未来を強くする子育てプロジェクト「スミセイ未来賞」受賞
2018年		「チャンピオン・オブ・チェンジ日本大賞」受賞 「社会ボランティア賞」受賞
2019年	兵庫県居住支援法人に認定される 令和元年国土交通省居住支援法人活動支援事業に選定	
2020年	WACCA♭（ふらっと）、及びステップハウス開設	「第5回　貝原俊民美しい兵庫づくり賞」受賞
2021年	「女性のためのつながりサポート神戸」実施	（公財）社会貢献支援財団より「創立50周年記念表彰」受賞
2024年	神戸学生青年センターとの協働事業で「六甲ウィメンズハウス」オープン（困難を抱える女性の自立支援住宅） 「全国シェルターシンポ2024　IN　KOBE」開催（実行委員会を担当）	関西財界セミナー賞2024「輝く女性賞」受賞 「第78回　神戸新聞平和賞」受賞

【ウィメンズネット・こうべの本（抜粋）】

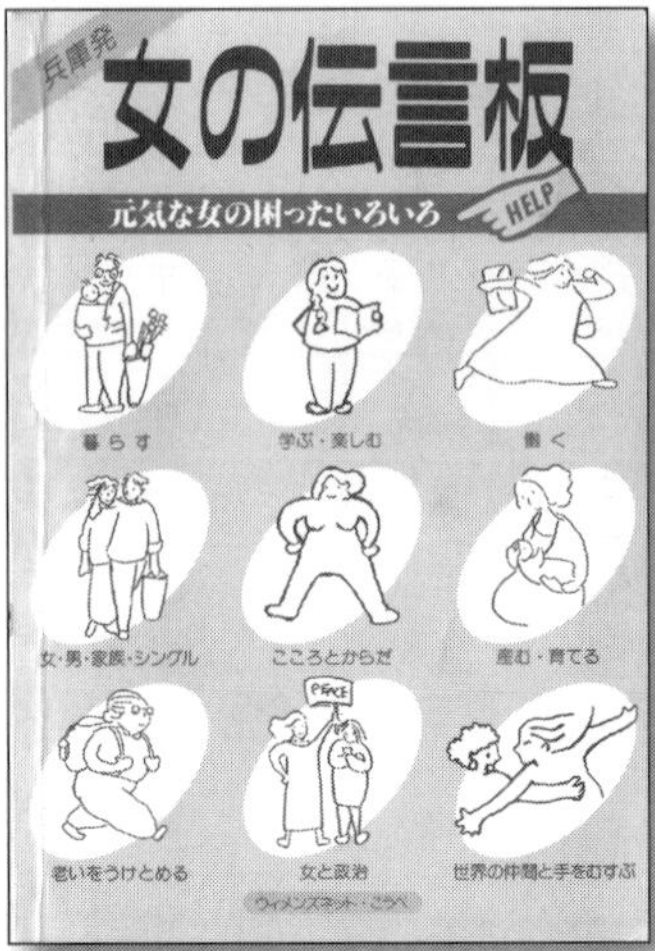

『女の伝言板』
元気な女の困ったいろいろ（1993年）

『女たちが語る阪神大震災』
いいたいことがいっぱいあった（1996年）

『女たちが語る阪神・淡路大震災』（復刻版）
いいたいことがいっぱいあった（2007年）

『女たちが語る阪神大震災」（英語版）』
（2007年）

【ウィメンズネット・こうべの本（抜粋）】

『神戸・沖縄　女たちの思いをつないで』
私たちは性暴力を許さない！（1997年）

『女性の暴力について考えるセミナー』
あなたが悪いんじゃない（1998年）

『女の伝言板　パート2』
自分らしい暮らし・生き方応援します（2001年）

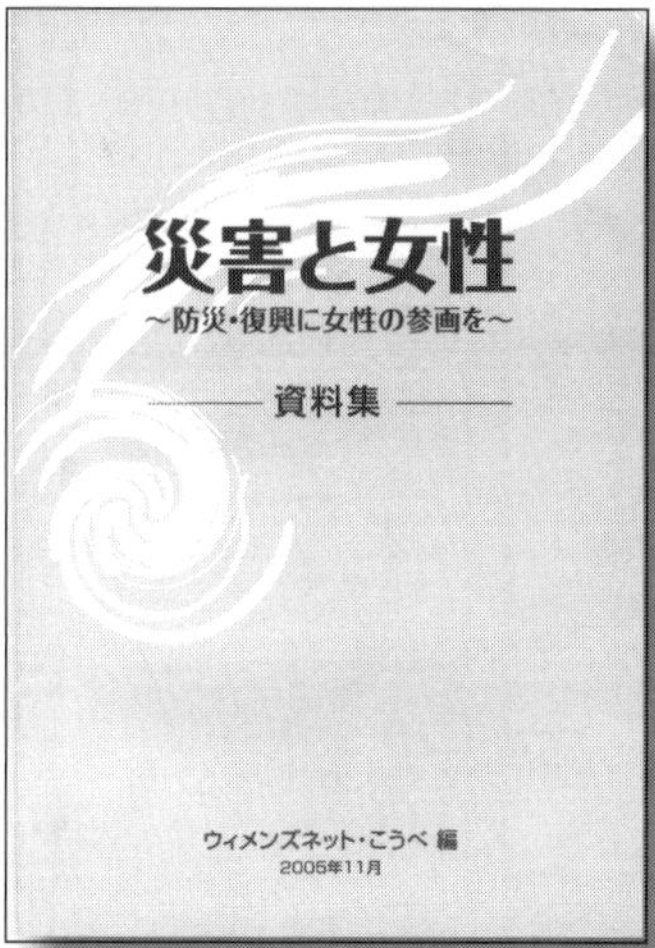

『災害と女性』
防災・復興に女性の参画を（2005年）

【ウィメンズネット・こうべの本（抜粋）】

『被災地における性暴力』
防止と対応のためのマニュアル（2009年）

『非暴力の子育ての原則』
DV・児童虐待の根絶に向けて（1998年）

『ウィメンズネット・こうべ20年のあゆみ』
繋がる・寄り添う・信頼する（2012年）

「DV被害を経験したシングルマザーと子どもに関する実態聞き取り調査報告」
（報告書、2019年）

※掲載の本、および、その他の調査報告書等につきましては、ウイメンズネット・こうべまでお問い合わせください。
▶https://wn-kobe.or.jp/

【認定ＮＰＯ法人女性と子ども支援センター ウィメンズネット・こうべ】

ウィメンズネット・こうべは、1992 年 4 月、男女平等社会実現のための学びと出会いの場を求めて発足。2007 年 3 月 20 日法人格を取得し、2015 年 3 月 23 日、神戸市より認定 NPO 法人として認定。女性問題に関する学習会のほか、さまざまな思いを持った女性がゆるやかにつながりあえるネットワークづくりや女性のための支援活動を続けている。1995 年 1 月 17 日の阪神・淡路大震災以降は、「女性に対する暴力」をなくすための活動、特にＤＶ被害者の支援に力を注ぎ、緊急一時保護やＤＶに関する学習会・サポーター養成講座、高校生・大学生のためのデートＤＶ防止講座、ＤＶ被害者相談などを行っている。2013 年女性と子どもの支援と仲間づくりのための居場所「WACCA」開設、2019 年兵庫県居住支援法人認定、2024 年困難を抱える女性の自立支援住宅「六甲ウィメンズハウス」開設。
ホームページ　https://wn-kobe.or.jp/（お問い合わせなどはホームページでご確認ください）

活動をご支援ください

私たちへのご寄付は、寄付金控除などの税制上の優遇措置の対象になります

寄付で応援

困難を抱える女性や子どもがのびのびと
自分らしく生きられる社会を、一緒につくりませんか?

寄付の使い道
- ●DVを経験した女性と子どもの相談・シェルター運営
- ●シングルマザーとその子どもたちの居場所 ― WACCAの運営
- ●住まい確保が困難な女性や母子への居住支援・生活再建支援（ステップハウス、六甲ウィメンズハウス運営）
- ●ジェンダー平等社会に向けた教育・研修 ― 若者へのデートDV防止授業

銀行振込

三井住友銀行　須磨支店　（普通）　3966425
名義人　ウィメンズネットこうべ

※銀行振り込みでご寄付をいただける場合お手数ですが、お名前・ご住所を別途、メールあるいはFAXで必ずお知らせください。

郵便振替

郵便振替口座　00990-3-330322
加入者名　　女性と子ども支援センター

※遺贈（遺産の寄付）をお考えの人は、ご相談ください。

＼年間サポーター募集中（個人・法人）／

毎年継続して活動を支えてくださるご寄付も募集しています。
随時のご寄付も受け付けています。

詳細はこちら

＼マンスリーサポーター募集中！／

クレジットカード決済によるオンライン寄付

月1,000円からのご寄付で、DVなどの困難を抱える女性と子どものサポーターになりませんか?

詳細はこちら

会員として応援

正会員（個人）　1口 **10,000円**　総会の決議権あり
賛助会員（個人）1口　**3,500円**　総会の決議権なし
賛助会員（団体）1口 **10,000円**　総会の決議権なし

会費振込口座　郵便振替口座　00990-3-330322
加入者名　　女性と子ども支援センター

団体の趣旨と活動に賛同してくださる方は、是非ウィメンズネット・こうべの会員になってください。

女たちが語る阪神・淡路大震災　1995-2024

いいたいことがいっぱいあった

2024年12月10日　第1刷発行
編著者　認定NPO法人女性と子ども支援センター
ウィメンズネット・こうべ
発行者　増田 幸美
発　行　株式会社ペンコム
〒673-0877 兵庫県明石市人丸町2-20　http://pencom.co.jp/
発　売　株式会社インプレス
〒101-0051 東京都千代田区神田神保町一丁目105番地

装　丁　矢萩 多聞

●本の内容に関するお問い合わせ先
株式会社ペンコム　TEL078-914-0391　FAX078-959-8033
●乱丁本・落丁本などのお問い合わせ先
FAX03-6837-5023　service@impress.co.jp
※古書店で購入されたものについてはお取り替えできません。

印刷・製本 株式会社シナノパブリッシングプレス
 ISBN 978-4-295-41041-6 C0036

［編集メンバー］
正井禮子（統括）
『女たちが語る阪神・淡路大震災』（1996年・刊、木馬書館）
相川康子／いなだ多恵子／柳川理恵／山崎昌子／伊丹ルリ子
柴田多恵／もりきかずみ／森本なおり
『女たちが語る阪神・淡路大震災　1995-2024』（2024年・刊、ペンコム）
田坂美代子／増田幸美